COMPRENDRE ET DÉJOUER LA MANIPULATION

Marie-Laure Cuzacq et Anne Guibert

COMPRENDRE ET DÉJOUER LA MANIPULATION

EDITIONS ESI

Sommaire

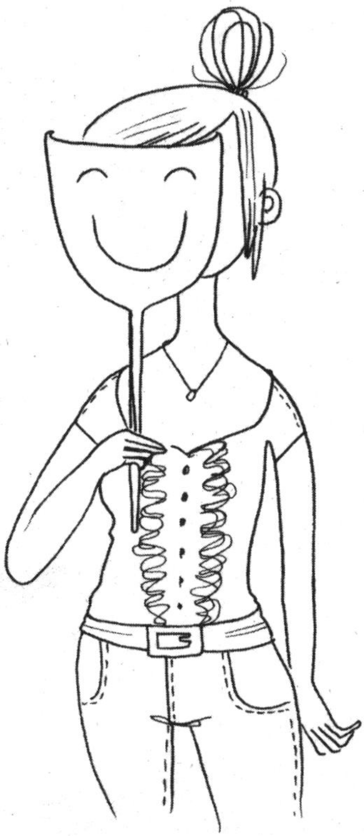

Comprendre les ficelles de la manipulation

Qui n'a jamais rêvé de, pour une fois, tirer les ficelles ? De cesser de dépendre de la volonté capricieuse d'un collègue lunatique, d'un patron radin ou d'un ami hésitant ? Que diriez-vous de reprendre la main et d'optimiser votre influence sur les autres ? Apprenez à comprendre les techniques et outils préférés des manipulateurs, non seulement pour les déjouer mais aussi pour vous aider à faire entendre votre voix : faire la différence lors d'un entretien d'embauche, convaincre vos collègues ou vos proches, négocier une augmentation, gérer les conflits, ou même séduire... Ce guide n'a rien d'un pacte avec le diable, il est destiné avant tout à vous aider à améliorer vos compétences de communication. Vous y trouverez, dans un premier temps, les principes psychologiques sur lesquels s'appuie la manipulation, vous découvrirez les outils pour influencer et les techniques plus élaborées que vous pourrez mettre en œuvre, et enfin les façons de contre-attaquer et de vous défendre. Les témoignages vous aideront à considérer les applications concrètes de ces connaissances théoriques.

Manipulation et jeux psychologiques

« Dans le jeu, on n'est pas libre, pour le joueur le jeu est un piège »

Milan Kundera

Un peu de théorie

Le Triangle dramatique de Karpman

Un jeu psychologique est une notion notamment issue de l'analyse transactionnelle, un ensemble de théories expliquant les types de personnalités et de communications entre les individus. Un jeu psychologique implique au moins deux personnes, voire trois. Il repose sur une relation répétitive et souvent involontaire entre les « joueurs », qui engendre souvent des tensions et des émotions négatives.

Le jeu psychologique le plus connu est le Triangle dramatique de Karpman, qui inclut trois joueurs et donc trois rôles : le sauveur, le bourreau (ou le persécuteur) et la victime. Selon les situations, les interlocuteurs et les personnalités, tout le monde a tendance à préférer l'une des positions. Chaque position a un certain intérêt, appelé en psychologie « bénéfice secondaire » : plus de pouvoir, plus d'aide de la part des autres, etc. Chaque position, victime, bourreau ou sauveur, induit également une façon de manipuler l'autre, pour retirer du jeu le plus de bénéfices secondaires possible.

Il est important de noter que, malgré les « affinités » de chacun envers l'une des positions, nous pouvons très bien jouer les trois rôles tour à tour, de façon inconsciente.

La manipulation dans les mains du bourreau

Le bourreau est souvent une personne qui cherche à se valoriser. Son attitude habituelle consiste très souvent, afin de « s'élever », à abaisser l'autre. Sa soif de pouvoir, parfois, de reconnaissance, souvent, voire de légitimation – car en réalité il ne se sent pas sûr de lui –, l'amène parfois à manipuler les autres sans vergogne, sans penser aux conséquences et dommages collatéraux occasionnés…

Le bourreau est en fait l'idée générale que l'on se fait d'un manipulateur « méchant ». Il peut utiliser l'humiliation, la moquerie, la rumeur, pour obtenir ce qu'il désire. À sa décharge, c'est presque le joueur le plus « franc », car on voit souvent clair dans son jeu et son objectif est presque évident : avoir le dessus sur les autres. Sa manipulation peut donc se montrer assez grossière, mais aussi se révéler très destructrice. Rappelons-nous cependant que c'est rarement dans le but de détruire l'autre, mais plutôt dans celui de se valoriser aux yeux des autres.

La victime manipulatrice

Certaines personnes se positionnent volontiers en tant que victimes. Nous connaissons tous des individus, proches ou moins proches, qui disent n'avoir « jamais de chance », que ce soit affectivement, professionnellement ou socialement. Nous n'entendons pas que la malchance n'existe pas, mais certains en font la cause de tous leurs malheurs, sans jamais se remettre en cause, et en accusant parfois même les autres.

Jouer le rôle de victime, si on en accepte les contraintes, peut se révéler relativement confortable. En effet, la victime a deux grandes techniques de manipulation à sa disposition. Elle peut se charger de tous les maux et de toute la misère du monde, cela revient à « s'autoculpabiliser », ou alors rejeter sur les autres ou sur le destin la responsabilité de tous ses malheurs. Le résultat est souvent le même : on la plaint, on la console, on la rassure, ce qui, par un effet de cercle vicieux, la conforte bien dans l'idée qu'elle est une victime. Cela peut aussi lui permettre d'être aidée par des sauveurs qui la prennent en pitié, pour ainsi se décharger d'une grande partie de ses responsabilités. Mais cela peut aussi amener les bourreaux potentiels à la martyriser encore plus, par exemple en lui faisant la morale et en la « secouant ». Dans tous les cas, le résultat est le même : qu'on la console, qu'on la plaigne, qu'on la sauve ou qu'on la persécute, la victime possède bel et bien un statut de martyr. Et se garde bien de s'en affranchir...

Le sauveur est-il aussi un manipulateur ?

Le sauveur est celui qui vient aider la victime, soit en la consolant, soit en attaquant le bourreau. Les rôles se renversent alors : le bourreau devient victime du sauveur, qui devient lui-même bourreau... La touche finale est bien sûr quand la victime devient sauveur de son ancien bourreau devenu victime...

Le sauveur, c'est un peu saint Michel terrassant le dragon... l'efficacité en moins ! Il ne fait que conforter la victime dans sa victimisation (« Oui, tu as raison, il ne devrait pas faire ça, c'est vraiment un... »), mais reste un allié souvent peu solide. S'il agit, il agit mal et s'il conseille, il conseille mal également !

Ce statut de sauveur lui permet ainsi d'avoir un peu de reconnaissance de la part de la victime et de créer également un lien de dépendance avec elle, en proposant son « aide » inutile ou refusée par la victime qui ne veut pas sortir de son rôle. Il lui confirme également, par son empressement à l'écouter, qu'elle ne peut attendre de l'attention des autres que par les plaintes, les doléances et les gémissements. Vous voyez ainsi que le triangle est un jeu complexe, qui a souvent des conséquences plus ou moins désastreuses. Plus il dure, plus ce triangle se renforce et plus il devient difficile d'en sortir sans y laisser des plumes…

À RETENIR

Les jeux psychologiques sont des dysfonctionnements répétés et souvent inconscients dans les relations interpersonnelles. Ils occasionnent très souvent des conflits, qui se nourrissent alors d'eux-mêmes tant que personne ne sort du « jeu ».

Le plus connu de ces jeux psychologiques s'appelle le Triangle dramatique de Karpman, qui met en scène trois joueurs : la victime, souvent déresponsabilisée et recherchant de l'aide tout en la sabotant, le bourreau, qui manipule « ouvertement » pour acquérir plus de pouvoir ou de reconnaissance, et le sauveur, qui aide à maintenir la victime dans son statut. Tous manipulent les autres pour obtenir des bénéfices secondaires, c'est-à-dire des avantages liés à leur position dans le triangle.

Dépendance et culpabilité

« Le secret d'une autorité, quelle qu'elle soit, tient à la rigueur inflexible avec laquelle elle persuade les gens qu'ils sont coupables »

Raoul Vaneigem

Témoignage

« Ma mère est morte en me mettant au monde. Ce n'est pas un début très prometteur dans la vie ! Mon père a tout fait pour ne pas « m'en vouloir », mais je me suis toujours senti déplacé, comme s'il eut mieux valu que ma mère vive et que je ne survive pas. D'ailleurs, quand j'étais petit, à chaque rentrée des classes, quand les maîtresses demandaient la profession de mes parents, je disais souvent que ma mère était morte à cause de moi... Il m'arrivait même de m'accuser de fautes que je n'avais pas commises, pour couvrir mes copains ! Je me sacrifiais... On aurait dû m'appeler Jésus ! « Encore maintenant, j'ai un grand besoin d'affection et de réassurance, et je crois bien que je ferais n'importe quoi pour combler ce besoin. D'ailleurs, ça marche assez bien en général avec les filles, du moins dans un premier temps : je suis hyper attentionné, très compréhensif, beaucoup dans le dialogue... Mais, à force, je crois qu'autant d'amour les étouffe. Elles me disent toutes qu'elles ne peuvent me donner ce que je veux... Je m'entendais bien avec ma dernière copine. Elle était très directive et j'aimais bien ce côté-là, parce que, dans un sens, ça me rassurait. Mais elle a fini par me tromper avec un de ses collè-

gues. J'aurais pu le lui pardonner, mais elle a préféré partir... Suis-je autant un fardeau ? »

Denis, 31 ans

Un peu de théorie

La conséquence du principe de réciprocité

Rappelons ce qu'est le principe de réciprocité. Il peut se résumer au travers du classique « donnant-donnant ». Cette règle est primordiale, car c'est la base de rapports sociaux apaisés et productifs : c'est une loi morale fondamentale, un des piliers des sociétés humaines, quelles qu'elles soient. C'est, par exemple, une des raisons pour laquelle vous aurez du mal refuser un cadeau, car il est « malséant » de refuser un présent à quelqu'un, et c'est aussi la raison pour laquelle vous « devrez » en faire un à votre tour, même si rien ne vous y oblige.

Créer la dépendance pour amener à la culpabilité

Ce principe étant fortement ancré en chacun de nous, il peut être utilisé à des fins personnelles, voire destructrices. C'est ici que la manipulation prend tout son sens : on reproche à l'autre de ne pas donner autant que l'on donne, on fait en sorte qu'il se sente redevable d'une dette, financière, morale, affective... Certaines personnes sont extrêmement habiles pour faire culpabiliser les autres. Le principe est toujours le même. Sous couvert d'une certaine « générosité », le manipulateur offre ses services, son aide, une attention soutenue ou beaucoup d'amour. Il va se rendre particulièrement serviable, aimable, par la flatterie, la courtoisie, la générosité... Il place ainsi ses pions pour mieux asservir sa victime. Cette dernière finit souvent par se sentir redevable, bien qu'aucune attente n'ait été clairement exprimée. Cette générosité sert notamment à créer une certaine dépendance avec la personne aidée : il est difficile de refuser de l'aide quand on en a besoin… Mais il est difficile aussi de refuser la sienne quand l'autre la demande, sans s'entendre dire : « Après tout ce que j'ai fait pour toi, tu exagères vraiment ! » La faute, la responsabilité repose ainsi sur la victime, alors piégée.

Le sentiment de culpabilité sur le long terme

Le sentiment de culpabilité, et non la culpabilité elle-même, est essentiellement subjectif. Certaines personnes le ressentent très souvent, d'autres très rarement. Il est certain que ceux ayant une faible estime d'eux-mêmes, entretenus dans cette disposition par leurs parents ou leurs proches, auront plus de facilité à le ressentir. Ce mal-être constant, dont les émotions dominantes sont la honte, la tristesse, voire le dégoût de soi-même, peut se révéler fort handicapant s'il fait partie de la structure mentale d'un individu. Car il peut être aussi utilisé par des personnes sans scrupule… En effet, le sentiment de culpabilité empêche l'individu de s'affirmer correctement : il développe souvent des comportements de « sacrifice » exagéré, pour s'acquitter sans cesse de sa « dette ». Les comportements suivants sont souvent attachés à un fort sentiment de culpabilité. L'individu se sent « indigne » et a du mal à s'octroyer du temps libre, voire tout simplement du plaisir. Il pense ne pas le mériter. Même chose au niveau affectif : il peut très bien choisir un conjoint qui ne lui convient pas, pour se « punir »… Conjoint qui peut, évidemment, être manipulateur et profiter de cet état de fait. Il parle souvent des devoirs qu'il a envers les autres, oublie ses droits propres et s'accable de reproches s'il pense ne pas pouvoir les assumer. Par exemple, il a beaucoup de mal à dire non, même si la demande semble abusive. Sous couvert d'altruisme, il nie aussi et surtout son besoin de liberté individuelle, de repos et de tranquillité.

Enfin, ce sentiment de culpabilité peut également le faire échouer à des examens ou professionnellement… Échecs qui, évidemment, renforceront encore son mal-être et saperont petit à petit une confiance en soi déjà malmenée…

La technique du « pied dans la bouche »

Certaines techniques d'influence reposent pour beaucoup sur la création d'un sentiment de culpabilité. Elles sont en général employées à des fins plutôt nobles, comme pour les dons à des organismes de charité… L'une d'elles s'appelle notamment la technique du « pied dans la bouche ». Cette technique repose sur certaines conventions sociales largement acceptées, reproduites par tout un chacun de façon inconsciente et innocente. Ces situations, qui se renouvellent automatiquement en situation sociale, sont appelées des « scripts ». Par exemple, quand vous rencontrez quelqu'un, certains « préliminaires », différents selon les cultures, sont quasi indispensables pour entamer le dialogue et la relation : se serrer la main, s'enquérir de la santé de l'autre, parler de la pluie et beau temps… C'est ce que les Anglais appellent le « small talk » : une discussion sans grand intérêt, qui sert à meubler le temps et à éventuellement introduire le vrai sujet de discussion. Mais ce « small talk » n'est pas aussi anodin qu'il y paraît… En 1990, le chercheur américain Daniel Howard a mis en évidence l'importance de la phrase d'accroche « Comment allez-vous aujourd'hui ? » Nos « scripts » nous commandent la plupart du temps de dire « Ça va, merci ! » Et c'est ici que se situe l'astuce. L'interlocuteur répond alors : « Je suis très heureux d'apprendre que vous êtes en bonne santé, car je vous appelle pour venir en aide aux personnes dans le besoin… » Howard a démontré grâce à plusieurs expériences que cette technique donnait des résultats, en l'occurrence des dons, de 10 à 25 % supérieurs à ceux obtenus en situation classique… Comme quoi, se sentir coupable peut se révéler utile !

À RETENIR

Il y a peu de situations plus inconfortables que de se sentir redevable envers quelqu'un… Car rendre ce que l'on a reçu fait partie des principes moraux universels, profondément intégrés dans nos cultures.

Rien n'est plus facile que de créer des « dettes », même abusives, pour rendre quelqu'un redevable. Certains manipulateurs ne s'en privent pas au quotidien et culpabilisent ainsi leurs victimes. En utilisant une générosité ciblée, ils deviennent ainsi des créanciers « intouchables » : le débiteur devient alors responsable du non-acquittement de sa dette.

Les personnes qui se sentent facilement coupables sont en règle générale les plus faciles à manipuler, car elles pensent souvent devoir se sacrifier pour les autres, au mépris de leur propre bien-être… Quand elles n'essaient pas directement de se punir de leurs « fautes » !

Isolement et compartimentage

« Il faut diviser pour mieux régner. »

Proverbe français

Témoignage

« Tout a commencé quand je suis sortie avec Cyril, un collègue. Il était très jaloux et possessif et c'est limite s'il ne voulait pas que je parle à d'autres hommes quand il n'était pas là. Au début, cela me flattait et ne me dérangeait pas tellement, je n'ai jamais été très loquace sur ma vie privée au travail, même si mes rapports étaient cordiaux avec tout le monde. Mais peu à peu, je voyais bien que le vide se faisait autour de moi. Mes collègues ne m'appelaient plus pour aller boire un verre après le travail, les rapports se faisaient plus distants. Je ne comprenais pas pourquoi les gens changeaient de comportement à mon égard. Certaines de mes collègues, avec qui je m'entendais bien avant, ne répondaient même plus quand je les appelais et je ne pouvais même pas m'expliquer avec elles sur la raison de leur silence. Quelques semaines plus tard, alors que la situation devenait vraiment difficile, j'ai surpris Cyril en train d'ouvrir mon courrier. Sommé de s'expliquer, il a bafouillé quelques excuses avant que je ne le vire de chez moi et de ma vie. Je suis tombée des nues. Le lendemain, vu ma tête au travail (je n'arrêtais pas de pleurer),

une collègue est quand même venue me voir et je lui ai dit ce qui s'était passé. Et là, ça a été le déclic. On s'est rendu compte que Cyril avait monté tout le monde contre moi (je ne saurai jamais vraiment pourquoi), pour que je me retrouve seule et que je n'aie plus que lui… Il racontait des mensonges à tout le monde (et il m'en racontait aussi), et comme je ne m'étais jamais vraiment expliquée avec personne, ces mensonges avaient perduré… jusqu'à ce que j'ouvre les yeux sur sa vraie nature. »

Jeanne, 31 ans

Un peu de théorie

L'isolement, premier pas de la manipulation

En effet, être isolé n'est pas une situation très naturelle pour l'homme, qui a l'habitude de vivre en société, donc entouré de ses proches (sa famille, ses amis), voire de personnes moins proches (le reste de la société). De fait, l'être humain isolé n'a d'ailleurs que peu de chances de survivre : l'enfant abandonné meurt, l'homme seul dans la nature a de grandes chances de mourir aussi…

Pour manipuler autrui, il faut en général profiter d'un moment de faiblesse, ou le mettre en position de faiblesse, afin d'augmenter son emprise sur lui. La solitude fait partie de ces situations où l'on devient plus fragile et où l'on est plus facilement manipulable, car la pente naturelle de l'être humain est alors de se diriger vers l'autre, même si cet autre n'est pas forcément bienveillant.

Avoir une plus grande influence en supprimant celle des autres

En effet, les personnes les plus facilement influençables sont souvent les personnes seules, sans soutien familial ni amical. Ainsi, les tentatives d'escroquerie sont souvent dirigées vers les personnes âgées, qui vivent isolées, et qui sont de ce fait beaucoup plus influençables que les personnes vivant en groupe et qui peuvent, avant de prendre une décision, demander l'avis des autres. De plus, étant souvent peu au fait des nouveautés et ayant parfois des difficultés de compréhension, elles deviennent les cibles privilégiées des escrocs en costume. Mais si une personne n'est pas seule, il est possible de l'isoler. Les techniques sont simples : désinformation, mensonges, rumeurs... Couper les gens de leur réseau est la meilleure façon de les influencer et de les avoir à sa merci, car privés de leurs repères, ils se fient plus facilement aux personnes qui viennent vers eux, avec des intentions soi-disant bienveillantes.

Annihiler tout esprit critique

L'isolement de sa victime a aussi un autre avantage pour le manipulateur. Cloîtrée, recluse, séparée des autres, la personne manipulée perd forcément de son esprit critique, puisqu'elle ne peut comparer sa situation avec celle des autres. Comment alors se rebeller si elle pense que sa situation est normale : personne n'est là pour lui dire qu'elle ne l'est pas. Ce n'est pas pour rien que les grandes dictatures, passées ou présentes, ont toujours muselé la presse, censuré les journalistes et les médias, pratiqué la désinformation à grande échelle, voire fermé les frontières à toute information étrangère. Car si les habitants du pays tyrannisé, isolé du reste du monde avaient vent de ce qui se passait dans les pays démocratiques, ils n'auraient sûrement pas la même ferveur à défendre leur régime et se soulèveraient sûrement plus facilement. La manipulation amène l'isolement, l'isolement amène l'ignorance, l'ignorance amène la soumission.

Sans aller jusqu'à la dictature, les manipulateurs ont grand intérêt à ce que leurs victimes ne puissent analyser la situation correctement, ne puissent recouper leurs informations avec celles d'autres personnes, en un mot, ne puissent prendre le recul suffisant pour voir la situation dans son ensemble. Un mari volage aura ainsi peu intérêt à ce que sa femme rencontre ses collègues ou ses amis : il préférera compartimenter ses relations afin que le moins d'informations filtrent de part et d'autre... Certains ont ainsi mené une double vie pendant des années, avant d'être découverts, parfois après leur mort, au moment de la lecture du testament !

Une technique fréquemment utilisée par les sectes

Nous avons bien compris que la manipulation est plus facile à opérer auprès des personnes isolées. Ce sont donc les cibles préférées des gourous de sectes, qui voient en ces individus des victimes toutes désignées. Mais la solitude n'est pas forcément seulement physique ou sociale, elle peut être psychologique aussi : un adolescent fugueur, en rébellion ouverte avec ses parents et n'ayant pas d'amis très proches, peut très bien tomber dans le piège d'une secte. D'ailleurs, les personnes les plus vulnérables à la manipulation sont les personnes les plus âgées et les plus jeunes. Ceux qui sont au chômage depuis longtemps (et qui n'ont donc pas forcément un réseau de connaissances très actif), ceux qui vivent une dépression ou un deuil (et qui ont donc tendance à s'isoler) peuvent également être sensibles à l'appel de sectes. Si la personne visée n'est pas complètement seule, le premier but de la secte sera de l'isoler de sa famille et de ses proches, avec pour compensation un statut « spécial » au sein de la secte. La victime, flattée, verra dans ce statut un signe de reconnaissance, qui, pense-t-elle, lui est refusé en dehors de la secte. C'est ainsi, souvent en douceur, que les gourous arrivent à rassembler autour d'eux des fidèles.

À RETENIR

Les personnes seules sont plus vulnérables aux tentatives de manipulation, car elles ne peuvent s'appuyer sur le soutien des autres. Il est également possible d'isoler une personne pour la rendre plus malléable.

La communication avec autrui, le recoupement des informations et l'analyse de leur source sont des choses indispensables pour pouvoir se faire un avis objectif sur quoi que ce soit. La personne isolée et manipulée n'a souvent plus qu'une seule source d'informations, sans savoir que c'est la plus mauvaise et la moins objective.

En effet, ces personnages peu recommandables ont besoin d'isoler les personnes qu'elles manipulent du reste du monde, pour pouvoir compter sur leur parfaite docilité. Docilité conditionnée par leur ignorance des moyens utilisés pour les soumettre…

L'illusion du libre arbitre

« Le libre arbitre des hommes consiste à choisir la femme qui décidera à leur place. »

Bernard Werber

Un peu de théorie

La liberté, un concept bien relatif

Pour se sentir digne, respectable et bien « humain », bref, pour se sentir « bien dans sa peau », l'homme a besoin de sentir qu'il contrôle sa vie. Contrôler sa vie, c'est prendre ses décisions soi-même, sans être contraint par des forces extérieures... ce qui est bien évidemment le contraire de la manipulation. Mais est-on vraiment libre ? L'homme peut-il vraiment avoir un contrôle complet de sa destinée ? Des philosophes s'écharpent depuis des siècles pour définir ce terme et nous n'avons pas la fatuité de répondre à cette question.

Mais nous pouvons quand même dire certaines choses. Quels sont les facteurs limitant notre libre arbitre ? Ils sont nombreux, n'en déplaise aux épris de liberté. Notre corps est premièrement notre principale prison : car nos cinq sens limitent déjà nos capacités. Un individu aveugle aura certainement une liberté bien différente qu'un individu voyant. Deuxièmement, notre capital génétique nous apporte, certes, des capacités immenses, mais différentes selon les personnes, avec parfois même des failles non négligeables... Troisièmement, notre vécu, nos relations et notre histoire, avec ce que cela comporte de traumatismes, de souvenirs, de souhaits et de frustrations, limitent encore notre espace de liberté et forgent notre personnalité, avec ses défauts et ses qualités. Enfin, chaque situation dans laquelle on se trouve limite notre liberté d'agir et nous pousse à adopter certains comportements.

Ce sentiment de liberté serait donc une sorte de compensation que l'être humain a trouvée pour contrebalancer toutes les contraintes physiques, relationnelles, familiales, sociales et situationnelles dont il dépend et qui limitent ses actes et ses pensées. La liberté est cette mince marge de manœuvre qui est laissée à l'homme et c'est justement parce qu'il n'en a pas beaucoup qu'elle lui est chère.

Liberté, engagement, manipulation

Le propre d'une bonne manipulation est donc de laisser le maximum de sentiment de liberté à la personne manipulée. En effet, lui laisser un sentiment de libre choix, c'est la manipuler deux fois : non seulement vous lui faites faire ce qu'elle n'aurait jamais fait en temps normal spontanément mais en plus, elle pense qu'elle l'a fait elle-même « de son propre gré ». La partie est alors gagnée, votre impunité aussi, puisqu'elle pense en être la seule (ou du moins la première) responsable.

En effet, la liberté est la base de ce que l'on appelle le besoin de cohérence et d'engagement. Amené à entamer une action, un individu se sent obligé de la continuer, même si cela ne lui est absolument pas imposé, pour respecter ce besoin de cohérence interne, même si parfois, des contraintes externes l'y obligent aussi. Par exemple, dans le cas de certaines communautés comme les fameux « gangs » aux États-Unis, ceux qui veulent en faire partie doivent tuer une autre personne, ce meurtre faisant office de rite d'initiation. Ce « rituel » a un effet extrêmement puissant sur la personne qui doit s'y soumettre : l'individu ayant tué se voit alors comme un tueur et il lui est ainsi plus facile de recommencer à tuer, comme il lui est plus difficile de revenir en arrière (sans parler des conséquences judiciaires évidemment).

Cet effet d'engagement est d'autant plus important, si l'individu en question a le sentiment qu'il s'est engagé de lui-même et non contraint et forcé. De nombreuses techniques de manipulation, développées dans ce livre, sont issues de ce principe, qui nous aveugle et auquel il est difficile d'échapper. Il est amusant de noter que la liberté est une des notions conditionnant notre engagement, ces deux notions étant, dans leur définition, si éloignées l'une de l'autre…

Soumission librement consentie

La soumission librement consentie consiste donc à faire quelque chose qui a un coût tellement important que nous ne l'aurions jamais fait spontanément, et cela même parfois sous la contrainte (ce qui est très proche de la manipulation, avouons-le). Pensez à la dernière fois où vous avez fait les magasins : il est sûr que certaines techniques de vente sont bien plus efficaces (conseils avisés, liberté de flâner entre les rayons, sourires et encouragements légers) que les bonnes vieilles techniques de coercition (un canon scié sur la tempe, par exemple… quoique !). Pour être plus sérieux, on n'agit jamais autant que quand on se sent libre de le faire. Et cette technique a un avantage : là où la force de l'obligation s'annule quand il n'y a plus de menaces ou de peur, la soumission librement consentie s'entretient d'elle-même, puisque la personne manipulée n'est pas consciente de sa soumission…

Certaines phrases, certains mots sont ainsi des techniques de manipulation, rien que dans le fait de les dire. Car votre cerveau, à les entendre, est trompé :

le simple fait d'entendre qu'il « pourrait » éventuellement refuser le rassure et le fait plier à certaines volontés supérieures… Ainsi, lorsque quelqu'un vous dit : « Tu sais, tu es libre de le faire, je ne voudrais pas t'y obliger » ou encore : « C'est à toi de décider, c'est ton choix »… pensez-y à deux fois avant de répondre.

À RETENIR

C'est la raison pour laquelle elle est importante ! En effet, notre liberté est limitée par nous-mêmes (notre façon de penser, notre corps et nos capacités) et par les autres (notre entourage, culture, etc.). Alors nous devenons très jaloux des quelques décisions qu'il nous reste à prendre « en toute conscience ». Notre (sentiment de) liberté reste notre motivation la plus puissante pour agir.

Il est donc crucial, pour qu'une manipulation fonctionne, qu'elle laisse la personne manipulée dans l'illusion du libre arbitre. C'est d'ailleurs la base de la plupart des techniques de manipulation.

Ainsi, la personne manipulée agira de son plein gré (à défaut d'être consciente d'être manipulée) et aura ainsi l'impression d'être responsable de ses actes. Évidemment, c'est en général l'effet recherché par le manipulateur.

Le pied dans la porte

« Un premier pas en appelle souvent un deuxième… »

Anonyme

Un peu de théorie

Une technique qui repose sur plusieurs principes fondamentaux

Le pied dans la porte est une technique de manipulation bien connue des commerciaux et autres professionnels de la persuasion, qui peuvent même établir de véritables procédures pour arriver à leurs fins.

Cette technique repose sur deux grands principes, déjà expliqués précédemment. Le premier, c'est le besoin de cohérence de chaque individu, qui engendre une certaine continuité dans nos actions, surtout si la première de ces actions correspond à l'image que l'on se fait de soi, ou même à l'image que les autres pourraient avoir de soi. Par exemple, imaginons que vous êtes connu dans votre entourage comme un adepte convaincu de la nourriture biologique et que vous le clamez à qui veut l'entendre. Il vous sera alors difficile, si on vous demande de manifester contre les OGM (et même si vous n'en avez pas forcément l'envie ou le temps), de refuser. Ce comportement pourrait être perçu par les autres comme une « désertion » et vous ne voudriez pas prendre le risque de paraître incohérent dans vos propos et opinions.

Le deuxième principe utilisé par cette technique de persuasion est le sentiment de contrôle et de liberté. Nous avons déjà précisé que les techniques de manipulation fonctionnaient beaucoup mieux quand la personne manipulée pensait faire ses choix de plein gré, en ayant l'illusion de pouvoir refuser si besoin. En réalité, il y a beaucoup de situations où il est difficile de refuser une demande, de par une certaine pression sociale (« Je vais le blesser si je refuse » ou « Qu'est-ce que les gens vont penser de moi ? »), hiérarchique (« C'est mon boss quand même »), ou même interne tout simplement (« J'ai envie qu'il m'apprécie, donc je vais accepter »). Mais tant que personne ne vous met le couteau sous la gorge, ou dans une moindre mesure, ne vous donne d'ordre, le doute subsiste et vous pensez pouvoir refuser.
Ce qui nous amène à une deuxième caractéristique de ce principe, que nous avons déjà également évoquée : une personne ayant « librement » accepté d'agir d'une certaine façon se trouve dans un processus d'engagement plus important que si elle avait été forcée de le faire...

Une procédure simple et efficace

La première étape est de faire une première demande anodine. Cette première demande n'est évidemment qu'un prétexte pour établir le contact et ne sert qu'à préparer le terrain pour une seconde demande, qui est, elle, le véritable but du manipulateur. La caractéristique de cette première demande est qu'elle est tellement minime que l'on peut difficilement la refuser. Ce peut être demander l'heure, signer une pétition... le plus important dans cette demande est qu'elle entraîne un : « Oui », qui vous prédispose de façon positive face au demandeur. C'est le premier pas de l'engagement « librement » consenti.

Remercier tout en « étiquetant » son interlocuteur

Par exemple, le manipulateur peut très bien vous dire, si vous avez accepté de répondre à un sondage : « Je vous remercie infiniment, j'aimerais croiser autant de personnes aussi gentilles que vous aujourd'hui ! » La personne qui a ainsi accepté de répondre au sondage se sent valorisée et heureuse d'avoir pu se sentir serviable.

Faire une seconde demande plus importante

Cette seconde demande est bien sûr l'objectif visé dès le début. Pris au piège de son besoin de cohérence (on parle également de « congruence »), l'individu sollicité se retrouve contraint d'acquiescer de nouveau, sous peine de « décevoir » la personne qui l'a gratifié d'une si grande qualité...

Ce qui va renforcer l'effet de cette technique

L'effet est encore plus efficace si l'engagement est important dès le début : par exemple, si la demande est faite en public, la deuxième requête a beaucoup plus de chances d'être acceptée. Même chose si vous connaissez la personne à qui vous faites la requête, même vaguement : votre voisin, un membre de votre famille, la caissière habituelle du supermarché, le facteur, un collègue... Le fait de connaître l'identité, l'adresse, bref le plus d'informations possible sur la personne manipulée est souvent primordial. Méfiez-vous donc quand on vous demande de signer une pétition et que l'on vous demande alors des informations personnelles, comme vos coordonnées... Vous serez plus enclin à accepter une requête ultérieure...

Les différents emplois de cette technique

Cette technique consiste donc, si l'on généralise, à provoquer un certain comportement, en commençant par une ou plusieurs demandes faciles à satisfaire. Elle n'est évidemment pas seulement utilisée dans le cadre de la vente en porte à porte. Elle peut également, par exemple, être utilisée dans les relations intimes, ou professionnelles. Écoutons plutôt Jérôme, un employé un peu trop gentil : « De temps en temps, mon boss me demandait de rester cinq ou dix minutes supplémentaires le soir, pour finir deux trois trucs urgents, ou finaliser certains chiffres. Évidemment, j'acceptais à chaque fois : cinq minutes, ce n'est pas grand-chose. Et puis, il me remerciait assez gentiment d'ailleurs, en me disant qu'il voudrait avoir d'autres employés comme moi. Mais ces derniers temps, il me demande de rester vingt minutes, voire une demi-heure… Et évidemment, ce n'est pas compté comme heures supp… Je me sens obligé d'accepter, je n'ai plus trop le choix. Si j'avais su… »

Comment faire la manche sans en avoir l'air…

À l'ère du téléphone portable, cette démarche semble délicieusement obsolète, mais écoutons plutôt cette expérience, faite en 1972 par un chercheur américain, Harris. Harris voulait vérifier l'hypothèse du pied dans la porte, en faisant appel à la générosité de passants inconnus dans la rue. Il testa ainsi deux situations différentes. Dans la première situation, il procédait ainsi : il demandait tout bonnement aux passants de lui donner quelques centimes, car il lui manquait un peu d'argent pour pouvoir téléphoner. Avec cette technique, une personne sur dix accédait à sa demande.

Dans la deuxième situation, sa première question était : « Avez-vous l'heure s'il vous plaît ? » Si la requête était positive, il posait alors la deuxième question : « Excusez-moi, j'ai besoin de téléphoner et il me manque quelques centimes. Pourriez-vous me dépanner ? » En procédant ainsi, Harris a non pas doublé, mais quadruplé les résultats obtenus ! Quatre personnes sur dix lui donnèrent ainsi ces quelques centimes… Ainsi, si un jour vous avez absolument besoin de téléphoner et que votre batterie est à plat (et que vous n'avez pas non plus votre carte bleue, les cabines téléphoniques acceptant les cartes bancaires maintenant…), pensez à cette technique, qui vous assure quasiment une chance sur deux d'arriver à emprunter le téléphone de quelqu'un de totalement inconnu.

À RETENIR

La bonne image que l'on veut donner aux autres (ou que les autres nous laissent entendre de nous), ainsi que notre tendance à vouloir toujours rendre cohérents nos opinions, nos actes et nos paroles font un terreau très favorable à cette technique de persuasion.

Cette technique allie, en effet, un fonctionnement très simple et une efficacité redoutable. La manipulation est indolore car progressive... Quand on s'en aperçoit, il est souvent déjà trop tard, car le fonctionnement est aussi très malléable, laissant une marge de manœuvre très large à ceux qui veulent nous manipuler, que ce soit dans des situations commerciales, familiales, sociales ou professionnelles.

La porte au nez

« En diplomatie, l'ultimatum est la dernière exigence avant les concessions. »

Ambrose Bierce

Un peu de théorie

La porte au nez, une procédure simple

De par son nom, la technique de la porte au nez ressemble étrangement à celle du pied dans la porte. Cependant, c'est en fait son exact contraire et elle ne semble pas même reposer sur les mêmes ressorts. Voyons, en premier lieu, comment cette technique est utilisée par les manipulateurs au quotidien.

Expression d'une première requête

Comme pour le pied dans la porte, la porte au nez nécessite deux requêtes. Seulement ici, on prend le contre-pied de la première technique déjà décrite. Au lieu d'une demande anodine et minime, c'est, au contraire, une demande très difficilement acceptable qui est formulée. En effet, son coût est tel (on y dépenserait trop de temps, trop d'argent, trop d'énergie), que celui qui la reçoit est quasiment obligé de la refuser. Ce qui est naturellement prévu. Évidemment, si l'individu accepte cette première requête, c'est encore mieux !

Expression d'une déception polie

Le manipulateur, suite à sa première demande déboutée, ne peut que paraître déçu, même s'il se montre souvent compréhensif, en disant par exemple une phrase « bateau » comme : « Je comprends votre refus », ou « Oui, c'est normal… ». Suivent alors quelques secondes de pseudo-réflexion…

Expression de la véritable requête

Évidemment, cette requête-ci est moins coûteuse en temps, en énergie et en argent, ce qui lui donne l'aspect d'une concession faite au dernier moment… Au vu de ce compromis important, l'individu se sent ainsi obligé d'accepter la deuxième offre, qui était en fait le véritable objet de la manipulation.

Pour vous en donner un exemple plus parlant, écoutons le témoignage de Michael :

« Je me suis aperçu que ma fille était très maligne (elle doit tenir cela de sa mère…). Elle a 17 ans, et naturellement je fais attention à ses fréquentations et ses sorties. La dernière fois, elle me demandait s'il était possible de partir une semaine avec plusieurs de ses copines, pour les 18 ans de l'une d'elles, dans la maison de ses parents sur la côte. Elles partiraient avec une autre copine en voiture. Je ne sais pas si je suis un papa poule, mais en tout cas, j'ai refusé : la fille n'a pas son permis depuis longtemps et je sais très bien ce que peut faire une dizaine de jeunes filles (et peut-être de jeunes hommes !) seules à la plage… Ce qui m'a paru étrange, c'est qu'elle ne paraisse pas si déçue que cela en entendant mon refus : je m'attendais à devoir lutter pendant des heures. Au final, elle est revenue deux minutes après, en me demandant s'il était au moins possible d'y aller pendant deux jours, si je l'y emmenais et si je revenais la chercher… Et j'ai accepté. Je me suis retrouvé à faire deux fois 150 bornes aller-retour pour amener et aller chercher ma fille, alors que je voulais me faire un week-end au golf tranquille… Et j'ai appris qu'elles n'y restaient toutes que le week-end en définitive… je plains le futur mari de ma fille si elle sait le manipuler aussi bien qu'elle sait me manipuler… »

Les ressorts de la porte au nez

Plusieurs hypothèses sont envisagées pour expliquer ce phénomène. Elles se complètent toutes assez bien, dans la mesure où aucune d'elles prise séparément n'explique le phénomène. Les scientifiques s'interrogent encore. La technique est d'une damnable simplicité, mais son mécanisme est bien complexe.

Le principe de réciprocité et le sentiment de culpabilité

Le principe de réciprocité trouve ici bien sa place, dans la mesure où l'un des deux interlocuteurs semble faire une immense concession à l'autre, en rabattant de beaucoup ses exigences. Nous avons vu dans un chapitre précédent que le principe de réciprocité était en fait une règle sociale qui repose sur les bases suivantes : « Tu me rends ce que je te donne », ce qui en d'autres termes peut s'expliquer ainsi : « Si tu es gentil avec moi, je le serai tout autant avec toi. » Ces termes fonctionnent donc aussi quand l'une des deux parties, pleine d'une volonté toute pacifique, diminue sa demande pour complaire à l'autre partie. Cette dernière, prise d'un certain sentiment de culpabilité, ne peut alors qu'agréer à la deuxième demande, qui semble alors un bon compromis. Ce sentiment de culpabilité est d'ailleurs subtilement étayé par la réaction très compréhensive du demandeur débouté.

L'effet de contraste

L'effet de contraste est une technique très bien utilisée par les agents immobiliers, qui consiste, dans leur métier, à présenter au client potentiel désireux d'acheter un bien, une vieille ruine à un prix exorbitant. Évidemment, le client la refuse. Mais ce dernier ne s'aperçoit pas qu'il va maintenant voir d'un œil (beaucoup) plus indulgent la maison correcte et à un prix moins élevé que va lui présenter son agent, maison qui, comparée à la première, paraît un véritable palais vendu pour une bouchée de pain… C'est le même principe qui fonctionne ici. La deuxième demande, étant bien moins coûteuse, paraît du coup beaucoup plus raisonnable à celui qui doit y répondre…

À RETENIR

Elle consiste à provoquer un premier refus, afin de prédisposer l'interlocuteur à accepter plus facilement ce qu'on lui demandera par la suite. Elle est très simple et est couramment utilisée, que ce soit par des inconnus ou des proches.

Deux principes se conjuguent pour rendre cette technique efficace : le principe de réciprocité, qui rend deux refus successifs difficiles à formuler, et l'effet de contraste, qui rend la concession faite encore plus importante qu'elle ne l'est en réalité.

En effet, certains facteurs vont augmenter le sentiment de culpabilité, ou le contraste entre les deux requêtes. Cependant, il importe en premier lieu de bien doser l'importance des deux demandes successives pour ne pas éveiller les suspicions…

L'effet Puits

« Il faut que dans un spectacle, chacun croie qu'il y a un petit peu de quelque chose pour lui. »

Barnum

Témoignage

« Quand j'ai rencontré Bertrand, j'ai vraiment "halluciné". On a passé une soirée ensemble et j'avais tout bonnement l'impression qu'il lisait en moi comme dans un livre ouvert. Toutes mes peines des derniers mois et mes besoins paraissaient lui être familiers… je me sentais tellement comprise ! J'étais tellement emballée que je l'ai invité chez moi "boire un dernier verre"… et je me suis retrouvée le lendemain toute seule, mon sac, mon ordinateur, mes bijoux, tous envolés… ». En fait, nous avons naturellement tendance à « croire ce que nous croyons déjà », c'est-à-dire à ne rechercher que les informations confirmant ce que nous pensons a priori. Cela peut même aller jusqu'à déformer certaines informations pour les faire correspondre au moule préformé de nos opinions… Ce phénomène est ce que l'on appelle la validation subjective. »

Caroline, 38 ans

Un peu de théorie

La technique reine des cartomanciens, voyants et manipulateurs

L'effet Puits (on l'appelle également effet Barnum, célèbre orateur de cirque) est une arme particulièrement utilisée par tous ceux qui veulent asseoir leur crédibilité, et/ou impressionner leurs interlocuteurs, en leur révélant, par exemple, des choses indéniablement véridiques sur leur propre nature. Ainsi, pourvus d'une crédibilité sans faille, ces manipulateurs peuvent ainsi débiter ensuite les mensonges ou flatteries les plus éhontés pour parvenir à leurs fins. Cette technique consiste tout simplement à annoncer, de la façon la plus convaincue et pénétrée possible, des « vérités », qui sont en fait un amalgame plus ou moins réussi de généralités confondantes. Par exemple, imaginons que vous alliez voir un médium, ou autres diseurs de bonne aventure, et que vous lui demandiez (méfiant dans un premier temps quand même !) des informations sur vous et sur votre passé, afin de bien vérifier le sérieux et le talent de votre astrologue. Imaginons encore qu'il vous dise : « Vous êtes quelqu'un qui peut se faire influencer, même si la plupart du temps vous gardez la tête froide, ce qui vous permet de ne pas vous faire avoir facilement. Vous manquez de méfiance, cependant, avec les gens qui vous entourent et vous avez déjà été, ou serez très certainement, déçu par un de vos proches », etc. En écoutant ce discours, et malgré ce que vous a dit votre astrologue dans sa première phrase, il y a de fortes chances que vous le trouviez signifiant (plein de sens). Rien de bien étonnant : n'importe qui pourrait correspondre à ce profil... L'effet Puits peut, en effet, se définir ainsi : plus le discours est vague et creux, plus les gens qui l'écoutent peuvent s'y reconnaître... Le discours vague est souvent obtenu à travers des structures alambiquées et peut même aller jusqu'à dire en fin de phrase le contraire de ce qui a été dit au début. L'orateur prend ainsi très peu de risques. En ajoutant quelques « parfois », « certainement », ou « il est possible que », la phrase devient tellement vague qu'elle en devient « profonde »... Évidemment, il faut éviter toutes sortes d'argumentations ou de justifications, pour garder ainsi une certaine aura mystérieuse. Nul besoin de dire que l'effet Puits est largement exploité dans tous les horoscopes qui peuvent exister sur terre.

Pourquoi ça marche ?

Si vous reprenez le discours de l'astrologue ci-dessus, il est certain que vous y retrouverez une part de vérité. Et pour cause ! Ce discours n'est qu'une jolie boîte vide que vous remplissez vous-même avec des circonstances personnelles qui vous sont propres. En d'autres termes, c'est vous qui allez remplir de sens cette coquille vide, en repensant forcément à des événements qui se sont déjà passés dans votre vie.

Dire ce que l'on a envie (ou besoin) d'entendre...

De plus, il est évident que les manipulateurs les plus chevronnés ont, en général, un sens de l'observation aiguisé et leur habileté à deviner les besoins, envies, désirs ou frustrations des personnes qui les entourent peut être confondante. Rien ne leur est donc plus facile que de creuser dans ce sens, pour conforter leurs victimes dans le fait qu'ils les connaissent bien et qu'elles peuvent donc leur faire confiance.

Flatter pour mieux convaincre

Cette validation subjective fonctionne d'autant mieux si la personne que l'on écoute révèle sur nous des informations plutôt positives. Il est toujours agréable d'entendre sur soi des commentaires flatteurs. Rares sont ceux qui pourraient nier des phrases comme : « Vous avez un sens de l'équité aiguisé et vous ne cautionnez jamais l'injustice » !

Mais même cette dernière technique, la flatterie, n'est pas obligatoire pour profiter de l'effet Puits. Nous sommes tous friands, quels qu'ils soient, de feedbacks sur l'image que nous renvoyons aux autres. Mettre le doigt sur une faiblesse peut même être une technique de manipulation supplémentaire : « En ce moment, vous savez confusément que vous n'utilisez pas toutes vos capacités, mais vous ne savez pas comment le faire. Je peux vous aider… »

Les expériences édifiantes de monsieur Forer

L'effet Puits a été mis en lumière à la fin des années 1940, par le psychologue Forer. Il désirait confirmer l'hypothèse qu'une description vague d'une quelconque personnalité était globalement bien acceptée par les gens, qui l'appliquaient alors à eux-mêmes de façon personnelle. Ainsi, il fit passer un test de personnalité à ses étudiants. Mais au lieu d'en analyser les résultats, il reprit tel quel le texte d'une analyse de personnalité, trouvée dans un quelconque magazine (à la page « astrologie »), qu'il donna à chacun de ses étudiants.

Les termes en étaient : « Vous avez besoin d'être aimé et admiré et pourtant, vous êtes critique avec vous-même. Vous avez, certes, des points faibles dans votre personnalité, mais vous savez généralement les compenser. Vous avez un potentiel considérable que vous n'avez pas tourné à votre avantage. À l'extérieur, vous êtes discipliné et vous savez vous contrôler mais à l'intérieur, vous tendez à être préoccupé et pas très sûr de vous-même », etc.

À RETENIR

Certaines personnes peu scrupuleuses peuvent, en effet, se servir de l'effet Puits pour asseoir une certaine crédibilité, avant de pouvoir manipuler les autres à leur guise. Cette technique consiste à dire des affirmations tellement générales qu'elles peuvent s'appliquer à tout le monde, en balayant toutes les possibilités imaginables.

De fait, il est facile de se servir de l'effet Puits quand on sait ce que l'autre veut entendre, puisque dans ce cas-là, ce que l'on dira sera d'autant mieux interprété, compris et accepté (la validation objective). De plus, notre soif de reconnaissance, qui passe par une soif de feedbacks positifs notamment, ne peut qu'être favorable à ce type de manipulation. Pensez-y la prochaine fois que vous lirez votre horoscope...

Engendrer la confusion

« Je n'aime pas qu'on parle à ma sœur.
- Mais elle ne m'intéresse pas votre sœur. Je voulais simplement...
- Elle te plaît pas ma sœur ?
- Mais si, bien sûr, elle me plaît...
- Ah, elle te plaît, ma sœur !!! Retenez-moi ou je le tue, lui, et ces imbéciles »

Goscinny et Uderzo

Témoignage

« Quand je suis sortie avec Romain, je sortais d'une longue relation et je voulais quelque chose de léger. Les six premiers mois, tout était idyllique : on se voyait deux ou trois fois par semaine, apparemment il travaillait beaucoup. Puis une fois qu'il m'a "ferrée", Romain est devenu étrange. Il alternait les moments parfaits, où il était adorable, et les crises de jalousie, voire de cruauté mesquine. Ou il n'appelait pas pendant trois semaines. Puis il revenait, tout miel et sucre, et tout allait bien pendant trois autres semaines. J'ai tenu un an comme ça, jusqu'au moment où je pensais devenir folle. Car il était tellement gentil quand il le décidait ! Cela me faisait oublier tout le reste ! Au final, j'ai décidé de le quitter. J'ai appris récemment qu'il était marié depuis 5 ans (il était donc déjà marié quand je l'ai connu) et que je n'avais pas été sa seule maîtresse... »

Alexandra, 28 ans

Un peu de théorie

Raffermir son emprise

Dans le cas de certaines manipulations destructrices, il est nécessaire au manipulateur de maintenir une emprise, une influence importante sur sa victime, pour pouvoir la faire agir à sa guise, en affaiblissant notamment ses capacités de jugement et donc de rébellion. Il existe une multitude de façons de détruire petit à petit tout discernement chez une personne. Créer la confusion dans son esprit en est une. Ne lui laisser aucune alternative possible (mis à part l'autodestruction) en est une autre. Ce sont souvent des phénomènes opérés sur du long terme, qui finissent par saper toute estime de soi chez la personne ciblée, surtout en cas de manque de confiance ou de fragilité au début de la relation d'emprise.

Jouer avec l'incohérence

Toute relation saine a besoin d'une certaine cohérence, c'est-à-dire d'une certaine fiabilité affective, pour pouvoir se construire durablement. C'est le cas quand on connaît bien l'autre et, notamment, ses réactions, qui font partie intégrante de sa personnalité et qui semblent, grosso modo, prévisibles.

Les comportements « incohérents » (c'est-à-dire non motivés par une cause réelle, non suivis dans le temps, en un mot opaques et incompréhensibles pour la victime), sont propices à la manipulation, dans la mesure où ils vont instaurer un climat de peur, d'incertitude et donc de désarroi.

Avoir des réactions incompréhensibles

Crier, insulter, alors que la faute ne demande qu'une petite réprimande, rire alors que la situation est pénible voire tragique, pleurer à des moments indus et de façon inexplicable : les manipulateurs jouent sur les émotions pour perturber leur souffre-douleur. Ne sachant à quel comportement il doit s'attendre, ce dernier finit par adopter un comportement inhibé, voire mutique, pour éviter des ripostes déstabilisantes car toujours différentes.

Alterner le froid et le chaud

Tour à tour adorables, compliments fleuris et petits cadeaux en main, puis odieux, balançant les affaires par la fenêtre, certains manipulateurs savent très bien comment désorienter leur proie. Celle-ci finit par douter de son propre jugement et finit par excuser même son bourreau.

Être irréprochable… en public

Certains manipulateurs excellent également à donner une image publique d'eux-mêmes absolument lisse et parfaite, afin de mieux brimer leur proie en privé : insultes masquées, non-écoute permanente, mépris rampant… Cette dernière finit par se poser des questions, s'interroger sur son propre comportement (« Pourquoi est-ce que j'accepte cela ? »), voire se remettre elle-même en question (« Il a peut-être raison finalement… je suis bien une cruche »), face au comportement odieux, mais assuré de son manipulateur. Son estime de soi, surtout si elle était déjà érodée, finit par fondre comme neige au soleil et n'assure plus son rôle de rempart bienfaisant et nécessaire.

De plus, la victime a finalement très souvent l'impression de devenir la complice de son bourreau, dans une certaine mesure, car elle se dit : « C'est ma faute si je ne réagis pas, c'est moi qui suis faible. » C'est souvent l'espoir qui fait « tenir le coup » : l'espoir que la situation va changer, que quelqu'un va l'aider, s'en apercevoir… Mais le silence reste entier, inspiré par la honte de clamer son impuissance, la culpabilité de ne pouvoir le faire, voire le dégoût de soi… et personne ne parle de la situation à quiconque, surtout quand les apparences restent sauves.

Enfin, ce phénomène de destruction est parfois renforcé par la totale ignorance de l'entourage sur la véritable nature du persécuteur. Si celui-ci fait bien les choses, les proches peuvent même louer cette personne attentionnée qui s'occupe si bien des autres… Cela, évidemment, culpabilise encore plus la victime, qui ne veut pas « décevoir » son entourage et avouer sa situation.

À RETENIR

En effet, acquérir du pouvoir sur quelqu'un ne peut qu'augmenter les possibilités de manipulation. Certaines personnes nocives affaiblissent ainsi leurs victimes et détruisent durablement l'estime qu'elles ont d'elles-mêmes. Cette estime de soi, ainsi sapée, favorise encore plus la manipulation.

Pour établir des relations saines, il est important de pouvoir compter sur une certaine fiabilité affective, primordiale pour instaurer une relation de confiance. Certains comportements incohérents, inexplicables de la part d'un manipulateur peuvent ainsi fragiliser la relation, mais aussi et surtout la personne qui en souffre.

Alterner des périodes calmes et tranquilles avec de véritables ouragans, changer de visage selon que la situation est en privé ou en public, prêcher le faux pour savoir le vrai, proposer des non-choix sans issue sont autant de techniques très efficaces pour obscurcir certains jugements déjà fragilisés...

Utiliser notre rapport au groupe

« L'être humain n'a aucun standard de qualité, hormis son besoin d'appartenance »

Bernard Arcand

Témoignage

« Comme j'ai toujours été assez isolée, ma seule amie était aussi timide que moi, j'ai longtemps eu une expérience très limitée des relations amoureuses ou intimes. Ce n'est pas que je n'en avais pas envie, mais je n'étais pas du style à jouer les allumeuses pour « sortir » avec un mec. À 20 ans, j'ai rencontré Guilhem dans une soirée organisée par ma sœur aînée, qui est évidemment tout le contraire de moi... J'ai tout de suite senti que c'était un garçon très volage, un don Juan, mais il était tellement séduisant, tellement charmeur ! Ma sœur lui avait parlé de moi et avait certainement dû lui dire que j'étais une vraie « oie blanche ». Il m'a tout de suite branchée et a attaqué direct. Très déstabilisée, je me suis laissé faire, assez flattée, et croyant voir dans son jeu. Je savais très bien ce qu'il voulait et je n'étais pas forcément très enthousiaste. En fait, je suis assez idéaliste et je voulais faire l'amour pour la première fois avec « l'homme de ma vie » ! Il m'a eue à l'usure, en affirmant que « ce n'était pas normal qu'une fille de 20 ans soit encore vierge, que tout le monde autour de moi l'avait déjà fait, qu'il fallait bien que je le fasse un jour, que je serais inexpérimentée devant l'homme de ma vie et que cela me desservirait »... À force de me répéter cela, il a fini par me convaincre et je me suis dit qu'il

avait peut-être raison. Je le regretterai toujours, car il m'a quittée juste après ! Et ça n'a pas arrangé mes relations amoureuses... »

Ludivine, 27 ans

Un peu de théorie

Relations sociales, motivations et comportements

Nous avons tous des aspirations, des besoins fondamentaux, des désirs différents selon notre vécu, notre histoire, notre parcours de vie. Ce sont des sources de motivation qui nous amènent à privilégier certains choix, à fréquenter certaines personnes, à nous comporter d'une certaine manière. Nous n'avons pas forcément conscience de ces forces qui nous poussent vers telle ou telle action, mais certaines personnes manipulatrices peuvent très vite et très bien les déceler, afin de s'en servir à leurs fins personnelles. Notre rapport au groupe, à l'autre en général, est l'une de ces dynamiques qui peut devenir une faille et dans laquelle le manipulateur va s'engouffrer pour mieux nous diriger. Car la construction de notre personnalité se fait notamment, et en grande partie, en fonction des rapports divers que l'on entretient avec le monde extérieur. Ces relations, selon leur degré d'harmonie ou de facilité, laissent ensuite des traces profondes dans notre mental et façonnent notre comportement.

Vouloir être « comme tout le monde »

Au sein du groupe, nous cherchons un réconfort et une certaine sécurité (selon le concept de « preuve sociale »). Ce besoin peut être plus ou moins important selon les individus et les situations... Cette tendance à nous adapter à notre environnement social est exacerbée chez les personnes peu assurées de leur statut dans le groupe ou qui souhaitent s'intégrer dans un certain cercle. Elles se montreront donc plus influençables. Imaginons que vous soyez expatrié dans un pays étranger, sans connaissance réelle des us et coutumes, et sans contact. Si quelqu'un vous guide sur ce que vous pouvez faire (ou ne pas faire), vous l'écouterez et le suivrez d'autant plus facilement que vous n'aurez aucun autre repère, aucune référence. En outre, vous deviendrez plus ou moins dépendant de lui. Il est donc facile d'imaginer le pouvoir que peut alors détenir cette personne sur vous. Au quotidien, on retrouve évidemment ces tentatives d'influence, qui ont notamment pour but d'annihiler ou du moins de diminuer notre esprit critique. S'opèrent alors des généralisations sauvages, de façon à justifier tel ou tel comportement : « Mais voyons, tout le monde le fait ! » Ou encore « Ce genre de chose est très courant tu sais ! »… C'est ainsi une manière de « dédouaner », de dédramatiser certaines choses en les banalisant… On retrouve ce type de manipulation dans les cas d'incestes par exemple : « Tu sais, tout le monde le fait, même si personne n'ose le dire, c'est pour cela que ça doit rester secret… ».

Comparer pour mieux dévaloriser

Il est également possible, pour influencer quelqu'un, d'utiliser les autres pour lui faire sentir que, décidément, il n'est vraiment pas à la hauteur. On établira ainsi une comparaison qui lui sera toujours défavorable, pour blesser son ego et faire en sorte qu'il soit plus malléable (ou qu'il réagisse d'une certaine manière). Ce sont, par exemple, des petites phrases assassines, comme : « Avec Jacques, je n'ai jamais besoin de lui expliquer 150 fois les choses. Avec toi, en revanche… » Ou bien : « Tu sais, tous les autres le font très bien, donc, si tu n'y arrives pas, c'est que tu es vraiment nul(le)… »

Publicité et besoin d'appartenance

On ne peut évoquer les techniques de manipulation sans évoquer de près ou de loin la publicité. En effet, celle-ci a pour but d'amener le consommateur à acheter tel produit ou tel service, c'est-à-dire l'amener à faire quelque chose qu'il n'aurait peut-être pas fait naturellement. Notre besoin d'appartenance est particulièrement exploité dans ce domaine et s'appuie sur des processus d'identification et de projection. La plupart des publicités sont notamment fondées sur le principe suivant : le consommateur désire faire partie d'un certain groupe social. La stratégie sera donc de conférer à un produit, à un service ou à une marque, les signes valorisants et caractéristiques de ce groupe de référence, d'ailleurs souvent « idéalisé ». Que ce soit pour vendre du parfum, des montres ou des tickets de loto, la technique est la même : mettre en scène des individus (heureux, jeunes, célèbres, bien portants, riches…), sur lesquels il est possible de projeter ses désirs et aspirations : « Si j'utilise ce produit, j'aurai les mêmes caractéristiques que cette personne : je serai beau, riche, jeune, etc. ». Une autre technique consiste également à mettre en scène des personnages non pas idéalisés, mais qui justement nous « ressemblent ». Le consommateur aura ainsi l'impression de se reconnaître au travers de ces situations, ces individus, ces comportements. Cela donne une impression de « proximité » avec la marque : « J'ai les mêmes codes, problèmes, désirs que la personne qui utilise ce produit. Je peux donc l'acheter moi aussi. »

À RETENIR

En effet, nous avons tous une manière personnelle de concevoir nos relations avec autrui ainsi que notre position dans le groupe auquel nous appartenons. Plus nous désirons intégrer certains « clans », plus nous sommes prêts à faire de concessions pour y arriver.

D'une manière générale, nous sommes enclins à donner beaucoup d'importance à l'opinion, à l'approbation ou la désapprobation de ceux qui nous entourent ou de ceux à qui nous désirons nous identifier. Il est donc facile d'utiliser cette tendance pour nous influencer.

Nous désirons faire partie de ceux qui sont jeunes ? De ceux qui sont beaux ? De ceux qui ont une vie de famille épanouie ? La publicité n'a de cesse de mettre ces rêves à portée de main… en conférant au produit en question les caractéristiques du groupe social auquel nous voulons appartenir. Posséder tel produit, c'est vivre, enfin, un peu de ce rêve…

Créer le besoin

« La rareté fait le prix des choses. »

Pétrone

Témoignage

« Il fallait que je loue mon appartement le plus rapidement possible. J'avais accepté un boulot à l'étranger et je devais commencer la semaine suivante. Autant dire que je n'avais pas beaucoup de temps pour bien organiser mon départ. En ce qui concernait mon logement, je savais très bien comment cela allait se passer : on commence à faire visiter son appartement, on accumule les dossiers et les visites, les gens veulent réfléchir, ils disent oui, ils se rétractent parce qu'ils ont trouvé mieux, moins cher, dans un quartier plus sympa... Ça prend des semaines et je n'avais vraiment pas le temps ni l'envie de m'occuper de tout ça. Mon appartement n'est pas un taudis et il est au prix du marché, je n'ai donc pas vraiment eu honte de faire ce que j'ai fait. Je n'ai pris qu'un rendez-vous pour faire visiter l'appartement. J'ai reçu un jeune couple d'étudiants, ils avaient l'air sérieux et sympathiques. L'appartement leur plaisait, leur dossier était complet. Je ne voyais donc aucune raison d'aller chercher plus loin. Je leur ai dit que s'ils se décidaient sur-le-champ, il était à eux, sinon je prenais d'autres rendez-vous aussitôt. Je sais combien c'est dur de trouver un appartement à Paris et de se faire passer devant par des gens parce qu'ils ont un meilleur dossier ou juste une tête qui revient mieux au propriétaire. C'est sans doute ce à quoi

ils ont pensé aussi. Malgré leur appréhension visible, ils ont accepté et nous avons signé le soir même. »

François, 44 ans

Un peu de théorie

Liberté, rareté et convoitise

Il s'agit ici du sentiment de liberté. En créant une situation où la chose convoitée est rare, unique ou disponible seulement pour un temps limité, on crée une menace fictive : passer à côté de quelque chose qui pourrait s'avérer indispensable par la suite, ne plus pouvoir en bénéficier, en être privé, c'est amputer notre liberté. Par défense, on saute sur l'occasion. Cela fonctionne pour tout ce qui est rare, inaccessible, limité dans le temps, ou ce qui peut nous échapper (pensez au téléphone qui sonne).

Pour donner de la valeur à quelque chose, il suffit souvent d'attiser la convoitise. Si plusieurs personnes convoitent le même objet, chacun constitue pour l'autre une menace potentielle, ce qui renforce l'attrait de l'objet et lui donne encore plus de valeur. C'est comme cela qu'on fait monter les enchères et que l'on peut accélérer une vente : « J'ai déjà deux offres sérieuses pour cette voiture », « J'ai deux places pour Carmen à l'opéra, si tu ne veux pas venir avec moi, ce n'est pas grave, Matthias et Gilles étaient partants aussi ». C'est aussi sur ce principe que repose souvent l'intensité ou le renouveau du désir : en voyant l'objet de son affection désiré par d'autres, celui-ci se voit décuplé. « Dîner avec toi ce soir ? Ce soir, je ne peux pas je vois Alexandre et demain Emmanuel… La semaine prochaine ? » ; « J'ai l'impression que ce nouveau poste ne vous emballe qu'à moitié, ce n'est pas très grave, Colot et Martinez m'ont déjà proposé leur candidature. »

Une offre limitée dans le temps

Pour créer ce sentiment, on peut mettre en œuvre plusieurs sortes de techniques. Le marketing nous en offre de bons exemples. Tout d'abord, il y a le cas de l'offre limitée dans le temps. On permet aux gens d'accéder à un produit plus abordable dans un temps défini. Cet objet leur échappera s'ils dépassent ce délai.

« Prix spécial anniversaire », « soldes flash », « les 10 jours en or »... Vous êtes sans doute familiers de ces slogans. Pourtant vous savez bien que ces promotions ne sont pas motivées par autre chose que par la volonté d'écouler les stocks. Malgré tout, nous sommes nombreux à nous dire en recevant le prospectus : « Je devrais aller y faire un tour, ce serait dommage de passer à côté d'une bonne affaire. » De la même façon, on peut créer une urgence autour d'autres décisions, pour attirer l'attention sur soi ou se faire désirer : « J'ai d'autres propositions d'emploi, dites-moi rapidement si ma candidature vous intéresse » ; « Tu viens en week-end avec moi ? Décide-toi vite, je prends les billets ce soir », « Unique et dernière représentation du cirque Binder »... C'est aussi sur ce principe que reposent les ventes privées : des articles d'exception à des prix exceptionnels pour un public sélectionné. Sauf que... les heureux chanceux ont tendance à investir plus que de raison sous prétexte qu'une telle offre ne se représentera pas de sitôt : « Je n'en avais pas vraiment besoin mais bon, un blouson en cuir à ce prix-là, je ne pouvais pas passer à côté ».

La série limitée

La deuxième technique qui est souvent utilisée est celle de la série limitée.

C'est le même phénomène que l'offre limitée dans le temps. Là, la menace ne pèse plus à proprement parler sur le temps mais sur la disponibilité. Et les slogans sont là pour le rappeler : « Dépêchez-vous, il n'y en aura pas pour tout le monde », « seuls les plus rapides auront la chance de… ». Une technique de marketing pour booster les ventes d'un produit courant, c'est de créer des éditions limitées : des canettes de soda décorées par un styliste, des voitures estampillées Roland Garros ou festival de Cannes… c'est une idée à garder à l'esprit si vous voulez vous lancer dans l'artisanat ou la création : préférez les créations uniques ou les petites quantités plutôt que la production industrielle du même produit. Le bijou unique du « petit créateur » est très prisé et peut se vendre beaucoup plus cher que celui, même aussi joli, largement distribué. C'est toujours une fierté de posséder un objet rare ou unique, cela le rend précieux. On éprouve une certaine satisfaction à savoir qu'on est le seul à l'avoir. À l'inverse, on peut détourner quelqu'un de son but en lui conférant un caractère facile, commun : « Dîner ? Tous les deux ? Pas de problème, j'ai même pas besoin de sortir mon agenda, je suis libre tous les soirs » ; « Vous pouvez me rappeler quand vous voulez, je n'ai pas d'autre entretien en vue » ; « Carmen ? Il y a des représentations pendant trois mois, on a largement le temps d'y aller… »

À RETENIR

Un objet, un produit rare a beaucoup plus de valeur. Il faut donc œuvrer à faire de ce que vous proposez quelque chose de difficile à obtenir. De tout juste disponible pour que la personne que vous visez ait l'impression qu'il ne le sera bientôt plus. il faut aussi lui montrer que cet objet attire les convoitises de beaucoup d'autres personnes.

Vous conférerez au produit un caractère exceptionnel, en ne le rendant accessible que dans un temps précis. Si on ne s'y prend pas à temps, on laisse filer cet objet qui nous semble si précieux ou on passe à côté d'une affaire avantageuse. Vous pouvez aussi utiliser cette technique pour vous rendre désirable en ayant l'air inaccessible ou très convoitée.

Les personnes qui pourront bénéficier de ce produit rare se sentiront à leur tour exceptionnelles, uniques. Faites monter les enchères. Mentionnez toutes les autres personnes (réelles ou fictives) intéressées. En revanche, la banalité provoque l'effet inverse. Pour distraire quelqu'un de sa volonté, vous pouvez lui conférer un caractère commun, accessible.

La théorie de l'engagement

« Le sage change d'avis et le sot s'entête. »

Proverbe espagnol

Témoignage

« Il m'est arrivé une fois de participer à un concours de cuisine. L'épreuve du jour consistait à réaliser un gâteau d'anniversaire un peu exceptionnel pour un goûter d'enfants. J'avais à ma disposition un super moule en forme de château de princesse. J'étais ravie ! je me mets au travail : avec enthousiasme, je prépare ma génoise et je la verse dans le moule tandis que le four préchauffe. Là, un autre concurrent me fait remarquer que j'ai oublié de graisser le moule : erreur de débutant ! À ce moment-là, il aurait été simple de retirer la pâte, rincer le moule et le graisser tout simplement, en plus il me restait beaucoup de temps devant moi. Mais, je ne sais pas ce qui m'a pris, j'ai complètement ignoré sa remarque, j'ai continué ce que je faisais comme si de rien n'était et j'ai mis mon gâteau au four. Le moment du démoulage a été épique : j'ai perdu deux tours sur les quatre et le reste n'était pas dans un état présentable non plus. La catastrophe ! J'avais encore le temps de recommencer… pourtant, je me suis acharnée, j'ai fait un glaçage au chocolat. Le résultat était affligeant : il y avait bien une vague idée de château mais on aurait dit qu'il avait été dévasté par un fleuve de boue. Pour rendre tout ça un peu plus gai, j'ai eu l'idée d'ajouter des bonbons colorés un peu partout. Un désastre, non seu-

lement mon gâteau ne ressemblait à rien du tout mais en plus il était immangeable parce que beaucoup trop sucré. J'ai perdu, bien évidemment. »

Gaëlle, 24 ans

Un peu de théorie

La cohérence et l'engagement

Quand on prend une décision (justifiée, extorquée, n'importe quelle décision), on a tendance à ne pas changer d'avis et même à agir dans la droite ligne de cette décision : c'est ce qu'on appelle la cohérence. Évidemment, c'est plutôt normal et sain. À qui pourrait-on se fier si tout le monde s'avisait de changer d'avis sans raison ou agissait de façon contraire à ses décisions ? Là où c'est moins raisonnable, c'est quand la décision s'est avérée être mauvaise, qu'elle n'a pas eu les résultats qu'on attendait et qu'on ne renonce pas, qu'on continue tout de même à s'acharner.

Chaque décision ou action a un coût : en argent, en temps, en énergie… Et plus une action est chère, plus elle est engageante. Plus j'investis dans quelque chose, moins je suis susceptible de revenir en arrière, sous peine de voir mon investissement gâché. Imaginons que je sois invitée à un mariage et que je cherche de belles chaussures pour aller avec une robe que je possède déjà. Je cherche pendant un après-midi entier et je ne trouve rien. Après tout ça, je pourrais raisonnablement reconsidérer le choix de ma robe mais comme j'ai déjà engagé du temps dans cette recherche, je vais m'obstiner et perdre encore plus de temps en espérant trouver la perle rare. Et plus je vais chercher, plus je vais être engagée dans cette recherche, plus j'aurai du mal à renoncer. L'escalade d'engagements se caractérise justement par une série de décisions qui sont de plus en plus coûteuses et infructueuses.

Le piège abscons

C'est le piège dans lequel on s'est mis tout seul à cause de l'effet pervers de l'engagement. C'est lorsqu'une personne campe sur ses positions, qu'elle reste focalisée sur une stratégie ou qu'elle maintient une ligne de conduite dans laquelle elle a déjà beaucoup investi (en argent, en temps, en énergie) et ceci au détriment d'autres stratégies ou lignes de conduites bien plus avantageuses mais qu'elle n'a pas voulu voir ni prendre en considération. Le principe est simple et le scénario connu de tous : on prend une décision qui s'avère rapidement mauvaise et, plutôt que de faire marche arrière et comme on a déjà « investi » dans cette mauvaise voie, on s'obstine en accumulant les erreurs. Et plus on s'obstine, plus on s'engage, et le piège prend forme. On peut, par exemple, observer ce phénomène au sein de couples que tout oppose, qui ne s'aiment et ne s'entendent plus mais qui s'évertuent à rester ensemble tout de même. Non seulement l'engagement entraîne l'engagement mais la remise en question implique souvent la reconnaissance d'une erreur originelle, ce qui n'est jamais agréable. On s'est investi dans quelque chose, on y a mis du cœur et on ne veut pas reconnaître qu'on a fait tout ça pour rien. C'est le plat dans lequel on a renversé trop de sel qu'on essaie de sauver en ajoutant des épices. C'est aussi le cas typique de mauvaise sortie d'autoroute : on continue parce qu'on pense que cela va bien mener quelque part jusqu'au moment où l'on est complètement perdu.

Quid de la manipulation ?

Cette tendance naturelle peut être exploitée pour la manipulation. Il suffit d'amener la personne à prendre une décision ou lui faire croire qu'elle a pris une décision. Dès lors, la personne est « engagée » et va agir conformément à sa décision. La plupart des manipulations consistent, pour un résultat souhaité B, à extorquer une première décision A, simplement destinée à « conditionner » la personne dans une chaîne de décisions cohérentes. J'ai besoin de téléphoner mais mon téléphone n'a plus de batterie. Si j'arrête quelqu'un dans la rue pour lui demander de but en blanc son téléphone, il y a peu de chances qu'il accepte. Mais si je commence par lui demander l'heure, il sera plus réceptif à ma demande quand elle viendra. La raison est simple : si je demande l'heure, il est peu probable que la personne refuse tant le coût du service est moindre. Ce qu'elle ne sait pas, c'est que, ce faisant, elle s'est comme engagée à me rendre service et qu'il lui sera difficile de dire non quand je lui demanderai de me prêter son portable. Un refus aussi peut être engageant : un ami de mon fils participe à une vente pour payer un voyage scolaire, il me sollicite pour acheter un lot de DVD. Je refuse poliment en arguant que j'aimerais l'aider mais que je n'ai que la moitié de la somme… Il décide aussitôt de les vendre à l'unité ce qui me met dans une position où il ne m'est plus possible de refuser. Ici, malgré mon refus, j'ai exprimé mon envie de l'aider, je me suis engagée là encore.

À RETENIR

Quand je prends une décision, elle n'est généralement pas isolée de ce que je suis en règle générale et elle conditionne la suite de mes agissements. Si une décision est mauvaise, on a tendance à vouloir persévérer parce qu'on s'est investi. Et plus une action me coûte (en argent, en temps, en volonté), plus elle va m'engager pour la suite.

Je prends une mauvaise décision sans m'en rendre compte. Et, plutôt que de la remettre en question dès que je m'aperçois qu'elle pose des problèmes, je préfère persister, continuer à m'engager, quitte à perdre beaucoup et à aggraver la situation. C'est ainsi qu'on se retrouve piégé. On perd finalement encore plus en s'obstinant qu'en s'arrêtant à temps.

La personne qui manipule doit mettre sa « victime » dans une dynamique qui va l'engager pour la suite. On lui demande par exemple un petit service qu'elle ne peut qu'accepter et lorsqu'on lui en demande un plus grand juste après, elle ne peut donc pas refuser. On a réussi à l'amener à prendre une décision et elle ne peut plus faire machine arrière.

Bien mentir

« Tout le monde ment. Bien mentir voilà ce qu'il faut. »

Albert Camus

Témoignage

« J'ai beaucoup de mal à mentir. J'arrive bien sûr à mentir pour ne pas vexer les gens, dire : « C'est délicieux », « Non, tu ne me déranges pas », « Ça te va super bien, cette coiffure ». Ce que je ne réussis pas à faire, c'est enjoliver la réalité pour me tirer d'un mauvais pas ou me faire bien voir. Je vois bien comment font mes collègues : « Ma fille a vomi toute la nuit » ou « Je commence à en avoir marre de ces gens qui se garent devant mon garage ! ». Ça m'a joué des tours aussi au moment où je cherchais du travail : il y avait toujours une question lors de l'entretien où je bloquais. « Vous maîtrisez bien le logiciel XY ? Vous l'avez déjà utilisé dans votre boulot précédent ? » Je connais ce logiciel, je vois comment il fonctionne, ce n'est pas sorcier. Sauf que, malheureusement, je ne l'ai jamais utilisé dans ma vie professionnelle. Du coup, je dis oui, je vois comment ça marche mais non, je ne bossais pas dessus lors de mon ancien job. Ce serait si simple de dire oui bien sûr. Après tout, il ne s'agit que de rassurer la DRH. Non, au moment où je pourrais le faire, j'ai comme des vertiges, je l'imagine en train d'appeler mon ancien employeur et lui demander si je connais réellement ce logiciel. La dernière fois que ça m'est arrivé, c'est un de mes anciens collègues qui a décroché le boulot. Lui n'avait pas hésité à

mentir ! Je dois faire des efforts pour apprendre à bien mentir, je m'en rends compte. Sinon, toutes les opportunités d'avancement me passeront sous le nez. »

Nadège, 29 ans

Un peu de théorie

De bien vilains mensonges

On a été élevés dans la croyance que mentir, c'était mal. Sauf que... parfois, c'est bien utile et, soyons honnêtes, même les plus vertueux d'entre nous y ont recours. Qui n'a jamais dit en avalant son café à la hâte : « Je suis dans le bus, j'arrive » ? Qui n'a jamais affirmé à son enfant que la télé était cassée ? Qui n'a jamais dit à son employeur qu'il était coincé dans les embouteillages ?

On ment pour de bonnes raisons : pour se faire bien voir ou pour séduire, pour échapper à des remontrances, pour masquer ses erreurs, pour préserver les sentiments ou l'estime de soi d'autrui. Bref, pour influer sur ce que pense l'autre de soi, c'est-à-dire pour le manipuler. C'est un art qu'il convient de maîtriser si l'on ne veut pas se faire prendre car, si tout le monde s'accorde pour travestir la réalité sans trop de scrupules, personne, en revanche, n'est d'accord pour se faire embobiner.

On peut mentir par omission, pour se couvrir. Une bonne technique, largement pratiquée par les adolescents, consiste, plutôt qu'à occulter toute la réalité, à s'en confesser d'une partie. Cet aveu doit paraître coûteux pour celui qui le fait, suffisamment pour qu'on n'aille pas chercher plus loin ou pire. « Ça va pas te plaire mais je veux être honnête : quand je suis allé chez Kévin samedi, on est sortis et on a bu quelques bières. » Dite sur un ton suffisamment contrit, cette révélation se suffira à elle-même et l'on ira sûrement pas s'imaginer que Kévin a vomi et que tout le monde s'est battu.

Plus c'est gros, mieux ça passe ?

Si on veut avoir recours à un gros mensonge, il faut savoir observer certaines « règles » : il doit être monolithique, invérifiable et surtout se passer de commentaires. Par exemple, vous pourrez prétexter que votre petit garçon a été malade toute la nuit ou que quelqu'un s'est garé devant votre porte de garage. Qui irait demander des détails sur les troubles digestifs d'un enfant ou la marque de la voiture qui vous empêchait de sortir de votre parking ? Ce qui compte aussi, c'est que l'argument est choisi non seulement parce qu'il suffit à justifier totalement le retard en disculpant entièrement la personne, mais aussi parce qu'il met la soi-disant victime dans un état de fatigue, d'irritation ou d'énervement qu'on ne souhaite pas voir se prolonger plus longtemps. De fait, les collaborateurs de l'infortuné, bien loin de le blâmer pour son retard, le plaindront, compatiront ou s'évertueront probablement à essayer de lui changer les idées.

Il faut également faire attention à certains détails qui peuvent révéler notre tromperie : quand on ment, (à moins d'être réellement persuadé de ce que l'on dit et, dans ce cas, c'est pathologique, on est mythomane) on sait que l'on ment et l'on prend le risque de se faire trahir par son corps. Le regard est naturellement fuyant, on est plus essoufflé, les mots s'articulent moins bien. Essayez de regarder votre interlocuteur dans les yeux et de rester calme. Entraînez-vous devant un miroir si c'est nécessaire.

Mentir avec sobriété

Vous pouvez utiliser un gros mensonge, d'accord, mais sachez rester sobre. Partez du principe que vous dites la vérité et que donc, vous n'avez pas à vous justifier. Seuls ont à le faire ceux dont on soupçonne ouvertement les mensonges et qui se sentent coupables. Dès lors, ils en rajoutent beaucoup trop, ce qui rend les autres suspicieux à leur égard. Si, pour préserver la paix de votre ménage, vous voulez faire croire à votre conjoint(e) que vous avez bien payé la facture de gaz, inutile de raconter votre emploi du temps heure par heure au moment où il (elle) vous posera la question. Un simple « oui » devrait suffire. Si on vous demande si un logiciel vous est familier : ne vous lancez pas dans la description de son fonctionnement, répondez sobrement : « Effectivement, c'est celui-là que j'utilisais lors de mon précédent job. » Souvenez-vous, ne donnez jamais de détails à moins qu'on ne vous le demande explicitement. « Quand je l'ai payée, la facture de gaz ? Avant-hier, il me semble. Quand ? Je ne sais plus… ah oui, en partant au travail, le matin. » ; « Quelle version du logiciel ? Je dois vous avouer, je n'en ai aucune idée, je ne fais pas attention à ce genre de choses. » Demandez-vous toujours : qu'est-ce que je dirais si c'était effectivement vrai ? Et de toute façon, si vous avez l'air convaincu au moment où vous répondez, on ne vous demandera rien de plus. Cependant, si c'est le cas, ne soyez pas trop précis et ne donnez pas trop de détails.

À RETENIR

Même si on sait qu'il ne faut pas mentir, on a tous de bonnes raisons de le faire, de travestir, de cacher la réalité ou d'omettre certains détails. On agit de la sorte pour être bien vu, pour plaire, pour se tirer d'un mauvais pas, pour influer sur l'opinion de l'autre. C'est une façon de manipuler. Il faut cependant être vigilant pour ne pas être démasqué.

Les gros mensonges servent à dissuader votre interlocuteur d'en savoir plus. Ils doivent être indiscutables et vous disculper complètement. Attention à ne pas aller trop loin dans l'affabulation, un gros mensonge n'est pas un mensonge invraisemblable. Soyez conscient que votre corps peut vous trahir, entraînez-vous à rester calme et détendu. Contrôlez-vous.

Quand on dit la vérité, en général, on n'a pas besoin de se justifier ou de partir dans des explications. Faites de même quand vous mentez : ne vous étalez pas, ne vous attardez pas sur les détails, ne donnez comme informations que celles que vous donneriez si vous ne mentiez pas. Mais si vous êtes suffisamment sûr de vous, on ne vous questionnera pas.

Et ce n'est pas tout !

« Ah Gudule, viens m'embrasser, et je te donnerai…
Un frigidaire, un joli scooter, un atomixer
Et du Dunlopillo
Une cuisinière, avec un four en verre
Des tas de couverts et des pelles à gâteau ! »

Boris Vian

Témoignage

« Il y a quelques années, quand j'ai décidé de monter mon club de gym, je voulais vraiment proposer à mes clients des abonnements à prix attractif. J'avais envie que ce ne soit pas trop cher pour attirer le plus de monde possible. Alors j'ai calculé sans grosses marges, juste assez pour rentrer dans mes frais, pouvoir me payer et payer les deux autres profs. Finalement, je me suis rendu compte que ce n'était pas une si bonne idée que ça, parce que avec cette façon de procéder, je suis incapable de faire des cadeaux à mes adhérents – ou alors des vrais, et là, c'est la faillite assurée. Mes premiers clients m'ont tout de suite demandé si je faisais des prix "spécial ouverture". J'ai eu beau expliquer que les prix étaient le plus bas possible, cette incapacité à faire "le petit geste commercial" les a fait fuir. Au bout d'une semaine, je n'avais presque pas d'inscrits. Alors, sur les conseils d'un ami, je me suis décidé à changer de stratégie. Je me suis inventé des "frais de dossier". Moi, ça me paraissait fumeux, je pensais que ça ne marcherait jamais mais il paraît que ça se fait couramment. J'ai donc ajouté des frais qui s'élèvent à 235 euros par an. Le prix de l'abonnement mensuel

est resté identique, mais j'ai ajouté ces 235 euros. Du coup, je peux facilement en faire cadeau. Et c'est un argument qui paie ! Quand je dis que j'offre les frais de gestion, ça convainc bien plus les clients que quand je disais que les prix étaient calculés au plus juste. »

Arnaud, 40 ans

Un peu de théorie

Comment ça marche ?

La technique du « ce n'est pas tout » sert principalement dans le commerce. Elle est un argument de vente à l'efficacité redoutable. Elle consiste à motiver l'achat par le biais de « cadeaux » et à faire croire qu'on diminue le prix apparent de ce qu'on veut vendre. Elle repose aussi sur le principe de réciprocité. Effectivement, pour vendre son produit, un vendeur va vous faire une faveur, faveur que vous êtes conditionné à rendre par le principe de réciprocité : on a ainsi l'impression que le vendeur fait une concession, ce qui motive pour faire un effort de son côté. On ressent de plus une certaine satisfaction à avoir fait une bonne affaire ou des économies.

Les expériences menées par les chercheurs concernaient toutes des transactions commerciales et c'est là que la technique remporte le plus de succès. Cependant, on peut aussi utiliser le même principe dans d'autres domaines. Par exemple, pour se faire bien voir dans le cadre professionnel, pour montrer sa motivation et les sacrifices qu'on est prêt à faire pour notre travail. Comparez ces formules suivantes : « Ce soir, pas de problème, je peux rester jusqu'à 20 h » et « ce soir… je devais partir à 19 h mais je vais m'arranger pour rester jusqu'à 20 h. » Ou plus généralement, vous pouvez aussi vous en servir pour donner plus de valeur à vos décisions : « Dîner demain soir, d'accord », « Dîner demain soir ? Ça m'embête, j'ai déjà quelque chose... Oh écoute je vais annuler, c'est d'accord ! »

Les deux variantes

La première variante de cette technique consiste par exemple à garder le même prix, mais on augmente la marchandise. « Et pour ce prix attractif, ce n'est pas un videur de pommes que vous avez, mais deux, auxquels j'ajoute cette magnifique assiette et comme vous m'êtes sympathique, ce somptueux napperon... tout ça pour seulement 5 euros ! » Pour toute cette marchandise, le prix paraît soudainement dérisoire. Devant l'accumulation, le client finit par oublier qu'il ne voulait, à la base, qu'un seul objet, objet qu'il n'était pas prêt à acheter au prix où il va finalement le payer.

La deuxième variante consiste à baisser le prix de vente, à afficher ou donner un premier prix et à revenir spontanément dessus. « C'est 12 euros, mais il faut que j'écoule mon stock, je vous le fais pour 10 euros. » Une expérience menée par le psychologue Jerry Burger a démontré que ce n'était pas le prix en lui-même qui motivait alors l'achat mais bien le geste de générosité. Il s'agissait de faire vendre des bougies par des groupes de deux lycéens au prix de 2 dollars. Un premier groupe appliquait la technique décrite ici : le premier lycéen annonçait un prix de 3 dollars et se faisait aussitôt corriger par le deuxième qui lui rappelait qu'ils venaient de décider de baisser ce prix à 2 dollars. Dans l'autre groupe, les lycéens annonçaient directement le prix de 2 dollars. Dans le premier cas, 57 % des personnes sollicitées achetèrent une bougie alors que dans le deuxième, elles ne furent que 14,3 %.

Les conditions du succès

Pour réussir une telle manipulation, il faut évidemment bien la préparer en amont. Fixez-vous un prix de vente et augmentez-le de manière à pouvoir le baisser. Cette technique n'est pas réservée qu'aux professionnels, elle pourra également vous servir à écouler vos vieilleries si vous participez à un vide-grenier, par exemple. Vous aurez bien plus de succès en baissant le prix de votre vieille cafetière de 13 à 10 euros, au moment de la discussion avec un acheteur potentiel, qu'en la proposant directement à 10 euros. Vous pourrez aussi en profiter pour vous débarrasser d'autres objets indésirables : « 10 euros, mais avec je vous offre aussi ce vase en étain et ce cendrier publicitaire. »

Si vous vendez des services, il peut être intéressant de décomposer chacune des prestations qui les composent pour pouvoir en « offrir » une le cas échéant. Mais cette technique peut être utilisée aussi dans de nombreux autres domaines. Une coupe de cheveux par exemple, c'est un lavage, une coupe, un massage pourquoi pas, et un brushing. Ainsi si vous voulez vendre votre coupe 25 euros, vous pouvez afficher 30 euros et décider d'« offrir le brushing » exceptionnellement. Dans le même ordre d'idée, vous pouvez sortir une prestation de votre forfait, la rendre payante puis l'offrir dans le même mouvement : « ça nous fera 40 euros pour la chambre et le petit déjeuner, plus 5 euros pour le lit de bébé mais je vais vous en faire cadeau, 40 euros tout ronds, donc. »

À RETENIR

Baisser le prix spontanément ou augmenter la marchandise permet de convaincre l'acheteur potentiel qui a l'impression qu'on lui fait un cadeau. En agissant de la sorte vous faites un pas dans son sens et il se sent à son tour obligé de faire un pas vers vous, c'est le système du marchandage. Cette technique sollicite donc le principe de réciprocité.

Il existe deux variantes possibles à cette technique : vous pouvez soit augmenter la marchandise, mais vous restez au même prix, ainsi vous ne perdez rien et le client est satisfait de repartir avec plus d'objets, ou alors vous baissez le prix avoir l'avoir augmenté volontairement au préalable. Faites attention à ne pas vous tromper pas dans vos calculs.

Cette technique demande de la préparation. Elle est avant tout utilisée dans le commerce, mais vous pouvez vous en servir également dans d'autres circonstances (comme lors d'une brocante) et d'autres domaines professionnels, pour montrer votre motivation. Elle souligne les efforts que vous êtes prêt à faire pour satisfaire votre interlocuteur.

Le principe de réciprocité

« Œil pour œil, dent pour dent. »

Exode

Témoignage

« Depuis quelque temps, pour arrondir mes fins de mois, j'exerce la profession de représentante pour une marque de parfums. Je dois faire du porte-à-porte pour essayer de les vendre. C'est une marque que je ne connaissais pas auparavant et qui n'utilise que ce procédé pour vendre ses produits. Au début, je le reconnais, j'étais assez sceptique mais la copine qui m'avait mise en relation m'a assuré qu'à chaque fois qu'elle présentait ses produits, elle réussissait à faire une vente. La technique est simple, on se rend chez la cliente potentielle, on lui explique un peu ce qu'est le produit en vantant ses qualités et puis on propose de laisser un coffret de démonstration pendant 48 heures chez elle, pour qu'elle l'essaie hors de toute pression, pour qu'elle en profite. Bien sûr, elle peut vider les bouteilles si elle en a envie. Mais en général, elle n'a pas le temps, ni l'envie ! On revient deux jours plus tard pour récupérer le coffret, débriefer, discuter un peu avec la cliente, voir ce qu'elle a pensé du parfum et tenter de lui vendre quelque chose. Et ça marche ! Au début, je ne comprenais pas trop pourquoi ni comment. Après tout, nos parfums sont de bonne qualité, c'est vrai, mais ils n'ont vraiment rien d'exceptionnel. Cela ne fait pas longtemps que j'ai saisi : en fait elles se sentent un peu

redevables du "cadeau" qu'on leur a fait (profiter gratuitement de tous nos parfums pendant 48 heures) et s'acquittent de leur dette en faisant un achat. »

Christine, 34 ans

Un peu de théorie

Un principe universel

Le principe est très simple : si une personne nous fait grâce de quelque chose, il faut lui rendre en retour. Il peut s'agir de n'importe quelle transaction : mon voisin me rend service, je m'efforcerai de lui être utile le moment voulu ; je reçois une carte de vœux, j'en enverrai une en retour, un simple « bonjour » demande une réponse équivalente. Et ce n'est pas qu'une règle de politesse restreinte : ce principe a cours dans toutes les sociétés humaines et s'applique à tous les échanges. C'est même l'un des principes de cohérence de toute société.

Nous agissons tous de cette manière et nous trouvons cela naturel.

Quand je rends service à quelqu'un, j'en fais mon « obligé » et le terme n'est pas anodin. Il se sent véritablement contraint de me rendre la pareille. La possibilité d'accepter quelque chose sans rien faire en retour n'est pas envisageable. De fait, on préfère refuser un avantage, même présenté comme sans aucun engagement, que risquer d'être redevable à un moment donné à quelqu'un sans pouvoir honorer sa dette. Imaginons par exemple un rendez-vous galant : Pierre invite Géraldine à dîner et insiste pour payer l'addition.

Si le rendez-vous s'est bien passé, il est probable que Géraldine laissera Pierre payer parce qu'elle sait qu'ils seront amenés à se revoir et qu'elle pourra s'acquitter de sa dette ultérieurement. En revanche, si elle veut cesser net leur relation, elle insistera de toute évidence pour payer sa part, de façon à ne pas se sentir redevable.

Un outil de manipulation

On peut se soustraire à ce principe quand il est évident, comme dans l'exemple précédent : la personne invitée à dîner peut essayer de refuser le « don » qu'on lui fait. Mais il est également possible de créer des dettes. Prenons un exemple : si votre fille est adorable, qu'elle s'active à toutes sortes de tâches ménagères dans votre maison sans que vous ne réclamiez jamais rien, qu'elle est serviable, obéissante et sage, vous vous sentirez obligé d'accepter le service qu'elle vous demandera à un moment donné, quand elle voudra sortir en discothèque avec son petit copain. En effet, comment lui refuser alors qu'elle fait autant de choses pour vous, qu'elle est irréprochable ? Vous vous dites qu'elle mérite bien cette distraction, après toute l'aide qu'elle a apportée. Sa façon de procéder vous met devant le fait accompli, vous êtes comme piégé. Elle ne propose pas de tondre la pelouse, ni de mettre la table, elle le fait d'elle-même et crée ainsi une sorte de dette. Le « don » n'a pas à être seulement matériel, il peut tout simplement s'agir de temps. C'est sur ce principe que reposent la plupart des ventes en réunion : le vendeur donne de son temps, de son énergie, de son enthousiasme pour présenter ses produits et les gens se sentent obligés de lui acheter au moins « un petit quelque chose » en contrepartie du temps qu'il leur a consacré et du mal qu'il s'est donné (pour transporter son matériel, faire sa présentation, répondre aux questions, etc.).

Une technique

La technique dite de la porte au nez repose aussi sur ce principe de réciprocité. En voici le fonctionnement : je demande quelque chose à une personne, quelque chose qui, je le sais, est beaucoup trop coûteux (en argent, en temps, en énergie, en volonté...) pour qu'elle puisse accepter, bien qu'elle soit d'accord sur le principe de m'aider. Bien entendu, elle refuse. À ce moment, je peux demander ce que je veux réellement, c'est-à-dire une chose qui n'aurait pas été acceptée de prime abord. Mais parce que je l'amène juste après son premier refus, ma requête va obtenir un bien meilleur accueil. Pourquoi cela fonctionne-t-il ? Grâce au principe de réciprocité : j'ai fait une concession (j'ai diminué mes exigences), mon interlocuteur se sent comme obligé d'en faire une aussi (accéder à ma seconde demande). On joue ici sur le sentiment de culpabilité de notre interlocuteur : on sait qu'il est plein de bonne volonté, qu'il a envie de nous faire plaisir et de nous aider. Et puisqu'il a refusé notre première demande, il est prêt à tout accepter pour se rattraper. Pour que cette technique fonctionne, il faut bien gérer les deux propositions que l'on soumet, en sachant que l'une n'existe pas sans l'autre. Elles doivent également ne pas être trop éloignées l'une de l'autre dans le temps pour que la personne manipulée ait bien en mémoire son premier refus. Un peu de comédie est nécessaire également : il faut avoir l'air déçu ou montrer qu'on fait une concession, un pas vers l'autre.

À RETENIR

Cela ne se réduit pas seulement à de la politesse. C'est un fondement de la vie en société sans lequel nous ne pourrions vivre ensemble. Quand quelqu'un fait quelque chose pour nous, on veut faire quelque chose pour lui en retour. C'est ressenti comme une obligation. C'est pourquoi il peut nous arriver de refuser de l'aide, pour ne pas se sentir redevable.

Il est bien plus facile de refuser un avantage que de ne pas s'acquitter de la dette naturelle qui en découle. Des dettes peuvent être créées sans que les personnes s'en aperçoivent : on peut leur rendre service à leur insu, leur offrir un cadeau… Le don n'est pas forcément matériel. Il peut être plus abstrait : ce peut être du temps, de l'attention…

La technique de manipulation de la porte au nez repose essentiellement sur ce principe de réciprocité. On fait une demande coûteuse à quelqu'un qui ne peut que refuser. Il se sent coupable. Il est donc prêt à accepter votre seconde demande, qui est celle que vous souhaitiez réellement concrétiser. Chacun a eu l'impression de faire un effort pour l'autre.

La psychologie inversée

« Demande un conseil à ton ennemi et fais le contraire. »

Proverbe juif

Témoignage

« Je trouve que mon fils est trop fainéant intellectuellement. J'aimerais qu'il s'intéresse à autre chose que les jeux vidéo. En vérité, j'aimerais qu'il lise, qu'il développe son imagination, tout ça. Je ne sais pas trop comment l'inciter sans le rebuter. Je lui offre des bouquins mais ça ne sert pas à grand-chose, il me remercie, les feuillette un peu pour me faire plaisir et c'est tout. Ça me désole, en plus, il sait lire parfaitement, c'est juste qu'il veut me tenir tête. Il suffit que je dise que quelque chose est intéressant pour qu'il trouve ça nul et inversement.

Il ne veut juste pas se conformer à ce que j'attends de lui, c'est comme ça que j'ai eu cette idée. Je me suis dit que si je désapprouvais le truc, ça l'intéresserait sûrement. Bien sûr, je n'allais pas faire semblant de détester la lecture du jour au lendemain, j'ai essayé de la jouer plus finaude. Je bosse dans une maison d'édition, il n'est donc pas rare que je rapporte des livres à la maison. J'ai commencé à descendre ouvertement des bouquins à table en disant que c'était vulgaire, qu'on n'y comprenait rien, que je ne voyais pas à qui ça pouvait plaire. Et puis, j'ai commencé à faire un carton de ma sélection que j'ai mis au garage en attendant prétendument de le jeter. Ça a fonctionné assez vite. Il a commencé à manquer assez rapidement un livre au carton. Ce qui m'amusait le plus, c'est que mon fils se planquait pour les lire. J'hésite à lui dire la vérité, j'attends qu'il soit vraiment accro. »

Stéphane, 43 ans

Un peu de théorie

L'illusion de la liberté

Si vous voulez qu'une technique de manipulation fonctionne, il faut que la personne que vous souhaitez manipuler soit persuadée qu'elle agit de son propre chef, toute seule, et que vous n'y êtes pour rien. Qu'elle est complètement libre de ses agissements. Il ne faut pas lui donner l'impression de l'influencer ou de l'amener vers quelque chose. Elle doit vraiment croire qu'elle prend ses propres décisions. Dans les situations d'autorité, ce sentiment de liberté est naturellement menacé : les parents, les professeurs sont vus comme trop autoritaires par les adolescents, parce qu'ils décident à leur place, ils leur imposent certaines tâches à effectuer. Les managers sont perçus comme paternalistes par leurs employés, et même les amis se mêlent parfois de ce qui ne les regarde pas en donnant trop de conseils ou en faisant la morale. La réaction naturelle devant ce risque de se voir amputé d'une partie de sa liberté, devant ce péril, plus ou moins exacerbée selon le caractère, l'âge des individus et le rapport qu'ils entretiennent avec les autres, est la résistance passive ou le contre-pied, c'est ce qu'on appelle le concept de réactance. Tout d'abord, la résistance passive consiste à s'opposer à l'autorité sans l'affronter directement, sans entrer dans le conflit. Concrètement : si mes parents insistent pour que j'arrête de fumer, je vais me mettre à fumer plus. Non pas parce que j'éprouve un soudain besoin de fumer, mais parce que ma liberté de fumer s'est vu menacée.

Utiliser la réactance

On peut mettre à profit ce concept de réactance pour manipuler une personne. De manière caricaturale, il s'agit de demander le contraire de ce que l'on veut de façon à ce que la personne agisse comme on le souhaite par réaction. Il faut bien sûr connaître la personne avant pour savoir qu'elle réagit de cette manière quand elle croit que sa liberté d'action est menacée. Et plus vous persisterez dans votre engagement, plus votre sujet persistera dans le sien. Voilà pour la théorie.

En pratique, il faut évidemment savoir être subtil : il est peu probable que vous obteniez ce que vous désirez si vous interdisez à vos enfants de se laver les dents ou que vous conseilliez à vos collaborateurs de prendre des pauses déjeuner plus longues. Il faut employer des moyens détournés.

Toute la manipulation repose sur la sauvegarde de la liberté : le sujet va agir non pas en fonction de l'action en elle-même mais pour avoir le sentiment qu'elle n'est pas sous contrôle. Si elle se rend compte du subterfuge, elle risque de redoubler d'hostilité à votre égard et ne plus jamais vous accorder sa confiance. Soyez prudent. Une technique à ne réserver qu'à des manipulations innocentes, donc.

Enfin, il faut garder à l'esprit que cette technique repose sur un dysfonctionnement dans la relation interpersonnelle : la personne que vous cherchez à influencer se sent menacée par vos agissements. À moins de vouloir conserver ce déséquilibre, il est peu souhaitable de laisser ce sentiment perdurer.

Applications pratiques

Voici maintenant quelques exemples de situations concrètes pour mettre en pratique cette technique de manipulation.

À votre meilleur ami qui est célibataire depuis des années et qui vous reproche de vouloir vous immiscer dans sa vie privée en voulant lui faire rencontrer des partenaires, cessez de lui organiser des rencontres, vous pouvez lui présenter des femmes à l'occasion, innocemment, en lui précisant bien qu'elles ne sont pas son genre. Ou organiser une fête où vous inviterez beaucoup de monde, dont plusieurs femmes célibataires, sans le prévenir.

Votre enfant est « difficile », il ne mange jamais rien et refuse de goûter tous les nouveaux aliments que vous lui proposez ? Essayez la technique suivante : servez-vous ostensiblement de ce nouveau mets sans lui en donner et montrez que vous vous régalez. Ne lui en proposez surtout pas et précisez que ce n'est pas un aliment pour les enfants, que c'est uniquement réservé aux adultes. Le fait qu'il n'ait pas le droit d'en manger lui donnera à tous les coups très envie d'y goûter !

Vous aimeriez ne pas supplier à chaque fois votre collaborateur de vous accompagner pour les réunions trimestrielles avec le reste de l'équipe : organisez-la en l'ignorant ouvertement. Ne l'invitez pas. Montrez-lui que vous pouvez vous débrouiller tout seul.

Inversement, si vous ne voulez plus voir les petites amies de votre fils à la maison, entourez-les d'une affection hors de propos, vous pouvez même les inviter à dîner sans prévenir votre fils.

À RETENIR

Quand il y a relation d'autorité ou trop grande emprise, le sentiment de liberté du sujet est menacé. Il sent sa liberté d'action en péril. Aussi pour récupérer ce sentiment, il va agir contrairement à vos désirs affichés. Pour le manipuler, il va donc falloir lui laisser entendre qu'il est totalement libre dans les décisions qu'il prend.

Cette décision de résister provoque un phénomène d'engagement. Il sera proportionnel à l'emprise que ressent le sujet. Plus vous insisterez, plus sa volonté d'aller à l'encontre de vos désirs sera forte. C'est le concept de réactance. Pour le contrer, demandez l'inverse de ce que vous désirez pour qu'il vous donne ce que vous vouliez au départ, par réaction.

Il s'agit d'une lutte pour la liberté. Si le sujet découvre qu'il s'est fait avoir, sa réaction risque d'être forte et votre relation risque d'être mise en danger. N'oubliez pas que si vous avez recours à cette technique, c'est qu'il y a un déséquilibre dans la relation : la personne a l'impression que vous êtes une menace pour sa liberté.

La manipulation passive

« Rien n'est jamais sans conséquence.
En conséquence, rien n'est jamais gratuit. »

Confucius

Témoignage

« J'étais en guerre contre mes enfants pour qu'ils rangent leur chambre. L'aîné a 15 ans et la petite a 12 ans. Tous les jours, c'étaient des rappels à l'ordre, des éclats de voix, des menaces, des punitions même. Il fallait toujours passer derrière eux pour mettre de l'ordre, ramasser leurs affaires, vérifier leur cartable, mettre le linge au sale. J'ai vraiment essayé des tas de trucs, de méthodes de communication et puis un jour, j'ai décidé de me faire violence et je n'ai plus rien fait du tout, pour qu'ils comprennent.

L'effet n'a pas tardé à se faire sentir : dès le lendemain, on ne voyait plus le sol de leur chambre, ce n'était plus qu'un tapis de chaussettes sales, bouquins, cahiers, papiers de bonbons. J'ai pris sur moi, j'ai tenu le coup en attendant qu'il se passe quelque chose. Ça n'a pas traîné : au bout de cinq jours, mon fils est venu se plaindre qu'il n'avait plus de vêtements propres et ma fille a reçu une punition du collège parce qu'elle avait oublié ses livres plusieurs fois.

Je n'ai pas fanfaronné, je leur ai simplement expliqué que ce n'était plus mon problème et qu'il fallait qu'ils réfléchissent à une solution tous seuls.

Mon fils a rapidement localisé le panier à linge sale et ma fille a commencé à faire plus attention.

Ça paraît simple comme ça mais j'ai vraiment dû faire un effort pour ne pas craquer pendant cette expérimentation. Mais devant le succès, j'ai bien l'intention de réitérer l'expérience avec mon mari ! »

Marlène, 42 ans

Un peu de théorie

Quand agir est contre-productif

En général, on ne prend pas de décision sans y trouver un quelconque intérêt. Or, quand on conseille aux gens de faire quelque chose « pour leur bien », l'intérêt immédiat n'est souvent pas vraiment évident pour eux, c'est d'ailleurs pour cela qu'ils ont autant de mal à nous écouter ou nous obéir : « Tu devrais ranger ton vélo », « vous devriez faire plus attention avec les factures », « tes papiers de sécu sont encore sur la table »... Il l'est d'autant moins si quelqu'un fait la chose à votre place : « Bon, je l'ai rangé dans le garage, mais c'est la dernière fois », « il y avait encore des erreurs, je les ai corrigées », « je les ai mis dans la pochette bleue ». Dans ces moments-là, l'autre ne peut pas se remettre en question, il ne prend pas réellement la mesure de ce qu'on lui dit. S'il y a toujours quelqu'un pour assurer mes arrières, à quoi bon faire les choses moi-même ? Si jusque-là, mon comportement n'a porté préjudice à personne, alors pourquoi en changer ?

La manipulation par la passivité est à réserver aux personnes sur lesquelles, vous le savez, vos conseils n'auront pas d'impact ou un impact contre-productif. Il faut également être certain que ce que vous voulez pour cette personne va dans une direction logique, que, si vous vous abstenez d'intervenir, elle va forcément modifier son comportement dans le sens que vous souhaitez. Il faut que la personne trouve un intérêt elle aussi dans la décision et qu'elle soit sûre de l'avoir prise seule en toute liberté.

« Je sais ce que je fais »

C'est un fait, personne n'aime se faire dicter sa conduite. C'est infantilisant, vexant, énervant... En général, quand quelqu'un nous impose de faire certaines choses, on va agir en réaction, c'est-à-dire qu'on va y mettre de la mauvaise volonté, mal travailler, afficher notre mécontentement. L'ambiance ne sera pas au beau fixe ! Comment quelqu'un d'autre que moi peut-il savoir ce qui est bon pour moi ? De quel droit peut-on s'arroger le droit de juger la conduite des autres ?

Ce sentiment naturel de défiance à l'égard de l'autorité, on l'éprouve très tôt, dès l'adolescence. Par la suite, même si la relation d'autorité qui nous lie à nos parents a disparu, ce sentiment reste vif à l'égard de tout ce qui peut s'apparenter à une façon de régenter notre vie. Comme avec notre conjoint ou notre supérieur hiérarchique.

Les campagnes de prévention en sont un bon exemple : les seules personnes vraiment touchées sont celles auxquelles le message ne s'adresse pas directement. A-t-on jamais vu quelqu'un s'arrêter de fumer parce qu'il avait été bouleversé par un message de prévention ? Au contraire, ces campagnes sont souvent prises à la légère, moquées, comme pour mieux affirmer le libre arbitre de celui qui n'en tient pas compte. On le voit encore aujourd'hui avec cette mode de collectionner les paquets de cigarettes trash chez les ados : ce n'est pas de collection qu'il s'agit réellement mais de défi à l'égard de celui ou celle qui menace leur liberté d'agir.

Laisser faire les conséquences logiques

Parfois, la meilleure chose à faire pour amener quelqu'un à faire ce que l'on attend de lui est... de ne rien faire (ce qui demande souvent beaucoup d'énergie et de volonté) et de laisser faire les conséquences logiques : peut-être le vélo qu'on voulait ranger sera-t-il volé, la secrétaire étourdie réprimandée, les papiers importants perdus.

Certes, il semble assez cruel de laisser quelqu'un prendre des risques sans lui donner aucun conseil, mais à considérer l'effet réel de ces conseils (indifférence au mieux, redoublement de la conduite incriminée au pire), n'est-ce pas surtout une façon de se donner bonne conscience ? N'oubliez pas que pour faire prendre une décision à quelqu'un, il vaut mieux qu'il se sente pleinement libre de la prendre et le laisser agir face aux conséquences de ses actes est sans doute la solution la plus simple face à quelqu'un de bon sens. Laissez-le prendre ses responsabilités.

Si vous avez décidé d'œuvrer dans ce sens, il est important de garder le cap même quand vous pensez avoir gagné la bataille. Si vous voulez voir se pérenniser le nouveau comportement, évitez les « je te l'avais bien dit », « tu vois, quand tu veux ? » et autres « ce n'est pas faute de te l'avoir répété », sous peine de voir tous vos efforts de passivité réduits à néant. Bien sûr, vous avez le droit d'être content et de le féliciter de son changement de comportement mais ne fanfaronnez pas, gardez votre satisfaction pour vous, vous donneriez l'impression d'avoir tout manigancé !

À RETENIR

Faire changer quelqu'un pour son bien est une opération plutôt délicate parce que s'il n'y voit pas d'intérêt immédiat, il ne coopérera pas. Et à force de vouloir le protéger, on est amené à faire les choses à sa place, ce qui ne l'incite pas au changement. Vouloir bien faire et donner des conseils bienveillants sont souvent contre-productifs.

La personne doit donc d'abord voir où est l'intérêt de modifier son comportement et aussi être persuadée d'être libre d'agir comme elle veut. Conseiller peut être ressenti comme une façon de diriger et vous n'obtiendrez rien comme ça à long terme, à part de la mauvaise volonté et un résultat bâclé. Personne n'aime que les autres décident à leur place.

Ne faites plus rien. Laissez-les face à leurs responsabilités. Cela peut se révéler une solution bien plus efficace que tous les conseils ou les manipulations « actives ». Les personnes seront alors pleinement libres de réagir. Elles se rendront compte par elles-mêmes de la nécessité de faire un effort de comportement et elles le feront en toute liberté.

Manipuler l'information

« Bien informés, les hommes sont des citoyens. Mal informés, ils deviennent des sujets »

Alfred Sauvy

Un peu de théorie

De l'automanipulation…

Les informations représentent ici tous les stimuli auxquels notre cerveau est confronté chaque jour, et qui nous permettent de prendre des décisions, de faire des choix, de nous engager dans certains processus… Bref, de vivre en tant qu'être humain. Aucune information n'est anodine, puisque chacune d'elle influence forcément nos opinions et nos comportements.

Pour gérer, assimiler, intégrer et réagir à toutes ces informations, nous mettons en place certains processus cognitifs (processus de la pensée), conditionnés et limités par certains « filtres », processus cognitifs et filtres étant intimement liés.

Nos filtres personnels

Nous avons tous une vision différente, mouvante et personnelle du monde qui nous entoure. En fait, chacun évolue dans sa propre réalité… subjective ! Mais pourquoi ? Nos différences et les filtres qui en découlent proviennent premièrement de notre enveloppe corporelle : nos cinq sens, selon leurs défaillances ou leur acuité, nous forcent à sélectionner les informations.

D'autres filtres se mettent également en place selon notre vécu, nos expériences, et vont modifier notre rapport à la réalité. Que l'on soit orphelin ou membre d'une famille unie, ouvrier ou aristocrate, indien ou anglais, nous sommes prisonniers de notre culture, de notre statut social ou de notre famille. Enfin, nos humeurs passagères, notre état émotionnel ainsi que la conjoncture, c'est-à-dire notre situation à un moment donné, sont encore d'autres filtres qui nous empêchent d'être totalement « objectifs ». Ainsi, une même phrase sera interprétée différemment selon qu'elle est prononcée par notre patron ou notre conjoint...

Les processus cognitifs qui influencent notre jugement

Selon les théories de la PNL, la programmation neurolinguistique (un ensemble de techniques et de modèles de développement personnel, notamment utilisés pour expliquer notre comportement quotidien), trois processus cognitifs vont modifier l'interprétation des informations qui parviennent à notre cerveau, informations qui, rappelons-le, nous arrivent déjà « incomplètes ». Ces processus ne sont ni « bons » ni « mauvais » : ils se combinent pour modeler nos pensées et nos opinions, nos « cognitions » donc.

Nous allons les décortiquer un à un, dans un souci de clarté

Imaginons que vous ayez eu un accident de voiture entre Brest et Rouen. Le premier processus qui entre en jeu pour interpréter cet événement s'appelle la distorsion. Vous penserez par exemple que vous avez eu cet accident parce que vous êtes vraiment étourdi(e) : c'est la raison pour laquelle vous avez oublié de mettre votre clignotant. La distorsion amène à déformer ce que nous percevons, afin que notre représentation de « la réalité » soit plus conforme à nos croyances. Vous savez que vous êtes tête en l'air et il est donc normal que vous ayez eu cet accident.

Le deuxième processus cognitif utilisé est la généralisation. Vous en déduirez maintenant, puisque vous avez eu un accident, que la route entre Brest et Rouen est dangereuse et vous demanderez à vos proches d'être plus prudents quand ils emprunteront ce chemin. Généraliser conduit à considérer que ce qui s'est produit une ou plusieurs fois se reproduira, devient une « généralité ». Nous construisons ainsi nos croyances, car cela nous aide également à prévoir le futur.

Le troisième processus cognitif possible est la sélection. Bizarrement, vous « capterez » toutes les informations ayant trait à cette route, et notamment les accidents. Vous vous direz alors que cette route est réellement dangereuse : la preuve, il y a eu d'autres victimes ou blessés. Vous ne capterez et ne retiendrez que les informations qui renforcent votre croyance… en omettant soigneusement les autres !

La vraie manipulation !

Rien n'empêche quiconque d'opérer les trois processus précédents à votre insu et de vous livrer ensuite une information modifiée, voire erronée, pour vous pousser à adopter un certain comportement. Nous le faisons d'ailleurs tous et, dans la grande majorité des cas, de façon inconsciente. C'est évidemment différent quand cela devient intentionnel : donner de mauvaises informations sciemment vous confère un avantage certain…

Voici un exemple. Anna est vendeuse dans une boutique de vêtements. Elle se méfie de Rosyne, une de ses collègues, sans raison particulière mais assez pour lui battre froid. Comme on dit, elle ne la « sent » pas. Claire, une intérimaire qui aimerait être engagée en CDI, et quelque peu manipulatrice, a remarqué cette situation. Son but est de faire partir Rosyne pour tenter de prendre sa place.

Elle peut ainsi dire à Anna, qui l'aime bien et qui a la confiance et l'oreille de la DRH : « Je sens bien que vous n'aimez pas trop Rosyne et je l'ai également vue me regarder avec un regard bizarre. » C'est une première distorsion. Ensuite, elle pourrait très bien enchaîner ainsi : « Moi, de toute façon, je ne fais pas confiance à ses filles de la banlieue. Ce sont toutes les mêmes ! » Cela sera évidemment une généralisation (sauvage et abusive...). Enfin, Claire pourrait uniquement rapporter à Anna les informations susceptibles de renforcer sa méfiance, déjà accrue : les erreurs de caisse, les mauvais rangements, les mots un peu vifs... Claire sélectionnerait donc les événements qui étayent la croyance d'Anna... En procédant ainsi, nul doute qu'elle arrivera à semer la zizanie...

À RETENIR

En effet, les stimuli extérieurs ne nous arrivent pas de la même façon, car notre perception dépend des filtres personnels mis en place au cours de notre vie. Ces filtres nous permettent de faire une première sélection, sans quoi nous serions par ailleurs submergés d'informations inutiles.

Nous sommes tous enclins à modifier les informations de manière qu'elles correspondent à nos croyances. Deux personnes peuvent donc tirer du même événement deux conclusions complètement différentes… Et heureusement !

Cela se fait déjà d'une façon inconsciente par tout le monde. Mais cela devient plus grave quand ce processus s'opère de façon consciente et dans le but de vous manipuler.

Complimenter pour mieux manipuler

« Le flatteur vit aux dépens de celui qui l'écoute. »

Jean de la Fontaine

Témoignage

« Mon collègue, Michel, peut se montrer insupportable. Il se vante toujours d'être le plus apprécié par le patron, celui qui travaille le plus vite, rapporte le plus d'argent à la boîte... Un vrai gamin. Personne ne le supporte en fait (on le surnomme "Moi-je" dans le service commercial), et il s'est déjà disputé avec pas mal de personnes. Moi, je le connais depuis très longtemps, on a fait l'école de commerce ensemble et je suis la seule avec qui il peut travailler. C'est très simple, en fait. Je reste assez distraite dans ses phases de mégalomanie, mais je lui fais un petit compliment de temps en temps, surtout quand il ne s'y attend pas... Résultat : avec moi, il est adorable et je peux lui demander ce que je veux... » Gisèle, 48 ans.

Un peu de théorie

Le besoin d'être reconnu et distingué

L'homme est un paradoxe vivant et a tellement de failles et d'aspérités qu'il est facile de le manipuler quand on les connaît. En effet, nous savons que l'homme a besoin de faire partie d'un groupe, d'en adopter les coutumes, les opinions et les signes distinctifs : c'est ce que l'on appelle le besoin d'appartenance (ou de conformité).

Parallèlement, il recherche au sein de ce groupe, ce que l'on appelle une reconnaissance de distinction, c'est-à-dire qu'il a besoin de se sentir différent et, de préférence, meilleur que les autres évidemment. Cela laisse ainsi deux armes utiles au manipulateur. Car il est très facile de jouer sur ce besoin de reconnaissance pour obtenir ce que l'on veut...

Une question d'ego

Les personnes les plus sensibles à ce genre de technique sont celles avec une estime de soi instable. Une estime de soi instable peut être haute ou basse, mais la personne qui en souffre a besoin, dans les deux cas, d'être constamment rassurée par un regard positif extérieur : elle vit littéralement à travers l'autre. Par exemple, la personne avec une haute estime de soi instable aura plutôt un comportement vaniteux, voire narcissique. Mais son besoin de réassurance étant un véritable puits sans fond, elle aura besoin de voir l'admiration dans les yeux des autres, la rendant ainsi facile à manipuler.

Le « coefficient prestige »

De même, il est évident que l'impact d'un compliment n'est pas le même selon la personne qui le formule. Plus une personne apparaît prestigieuse à nos yeux (que ce soit notre supérieur hiérarchique, une personne très belle, ou « célèbre »), plus elle aura de facilités à nous manipuler, en maniant le compliment avec dextérité... Car cela rend le complimenteur éminemment sympathique à peu de frais (la sympathie est comme multipliée par le coefficient « prestige »), et la personne complimentée, qui n'en revient pas de sa chance, est quasiment hypnotisée... Un peu de ce pouvoir, de cette beauté ou de cette célébrité a comme rejailli alors sur elle...

Ce n'est pas pour rien que les manuels de management modernes consacrent tant de pages à la notion de « reconnaissance » dans leur chapitre : « Comment motiver vos équipes ? »... même s'il arrive que les principes soient mal appliqués :

« Mon manager a fait une formation il y a deux mois. Je ne sais pas trop ce qu'ils lui ont dit là-bas mais depuis, il n'arrête pas de nous complimenter ! Le problème, c'est que ça paraît trop superficiel et que ça tombe même souvent à côté. Du coup, ça a l'effet inverse. Maintenant, on se moque (gentiment) de lui quand il balance un : "Super les gars !" en plein milieu de la matinée... »

Comme le dit très bien Geoffroy, un compliment mal fait peut avoir l'effet inverse que celui recherché et se retourner contre le mauvais flagorneur...

À vot' bon cœur m'sieurs dames !

Une autre façon d'obtenir de vous ce que l'on souhaite est ce que l'on appelle l'étiquetage. L'étiquetage est une façon « douce » de vous mettre en condition, afin de ne pouvoir répondre par la négative à la demande qui est faite ultérieurement. Elle fait appel « aux bons sentiments » et est une façon parmi tant d'autres de nous culpabiliser.

Dans cette technique, très répandue, le principe est de formuler, avant la demande, une phrase clé qui annonce la demande, tout en la rendant diaboliquement efficace. Par exemple, c'est votre patron qui vous dit : « Je sais que vous faites du super boulot et c'est pour ça que je vous donne ce dossier en plus. Prouvez-moi que j'ai raison. » Le but du compliment est donc de vous « étiqueter » assez positivement, de façon à ce que vous ne puissiez pas, par la suite, déroger à cette image que l'on a de vous... Cette technique est encore une conséquence du besoin de cohérence, c'est-à-dire qu'elle conduit à agir de la façon dont on est perçu par les autres, pour être cohérent avec son image… Il faut, évidemment, que dans ce cas-là, le compliment soit en rapport direct avec la demande formulée…

Le paradoxe dans cette technique est que l'on est souvent conscient de la tentative de manipulation, mais que l'on ne peut s'empêcher, la plupart du temps, d'obéir à notre besoin d'être « distingué »…

À RETENIR

Elle repose, en effet, sur un des besoins essentiels de l'homme, celui d'être le meilleur, le plus beau, le plus gentil, etc., c'est-à-dire celui d'être distingué parmi les autres.

De fait, nous sommes bien démunis face à un compliment bien placé, surtout si ce compliment est fait par une personne importante à nos yeux. Hypnotisés, tétanisés, nous n'avons souvent pas d'autres choix que d'accéder à la demande qui ne manque pas de suivre...

Elle consiste à profiter de notre besoin de cohérence : si l'on dit que je suis généreux, je dois me montrer généreux, si l'on dit que je suis gentille, je dois aussi me montrer gentille... Nous sommes alors prisonniers de cette image dont on nous affuble (sans dire que ce soit faux) et qui arrange bien celui qui nous demande de lui prêter 50 euros...

Savoir se rendre sympathique

« Pour leurrer le monde, ressemble au monde ; ressemble à l'innocente fleur, mais sois le serpent qu'elle cache. »

William Shakespeare

Témoignage

« En bas de chez moi, il y a une petite boutique de vêtements que j'aime bien (je suis assez branché fringues). En plus, le jeune homme qui la tient, Samuel, est vraiment super sympa. À chaque fois que je vais le voir, on discute foot, sorties, il me demande pour quelle occasion je compte mettre le vêtement que je veux acheter, etc. Bref, on parle un peu. Et je finis par passer pas mal de temps dans son magasin finalement ! C'est presque devenu un pote. Même si je ne sais pas s'il est vraiment amical ou si c'est juste un excellent commercial ! En tout cas, je ne peux m'en empêcher, à chaque fois que je vais chez lui, je me sens presque obligé d'acheter un truc… »

Sahel, 32 ans

« J'ai été invitée, il y a quelques jours, à une "après-midi sex-toys" chez une amie. Je trouvais le concept marrant et puis, il y avait du champagne et des gâteaux. On était une dizaine de filles, assez décomplexées, toutes copines… on a parlé de sexe pendant toute l'après-midi et on a bien rigolé. Personnellement, je n'avais pas tellement envie d'acheter, parce que je suis un peu juste en ce moment, mais je ne me voyais pas partir

sans rien, alors qu'on m'avait offert le champagne et les petits-fours ! Et puis bon, ma copine se fait un peu d'argent avec ça et je voulais l'aider. Finalement, j'ai acheté un petit truc (je ne vous dirai pas quoi...) à 20 euros. C'est sûr que je ne l'aurais jamais acheté dans un sex-shop... »

Marion, 27 ans

Un peu de théorie

Un principe qui tombe sous le sens

Évidemment, il peut sembler idiot, car évident, de préciser qu'une personne qui essaiera de vous manipuler essaiera de se rendre sympathique. Mais même si c'est évident et que vous connaissez cette technique, cela ne vous empêche pas, pour autant, de vous faire avoir...

En effet, la grande difficulté de la part de la personne manipulatrice (vendeur, commercial, ou tout simplement connaissance) est de paraître sympathique. Car la sympathie entraîne tout un ensemble de réactions qui lui sont favorables : en effet, la sympathie engendre des sentiments de sécurité, de confiance et de chaleur, qui sont propices à un certain « abandon » : la personne manipulée est ainsi beaucoup moins sur le qui-vive et part, même si certains signes peuvent dire le contraire, avec un a priori positif. Mais la sympathie entraîne également un sentiment d'obligation : on se sent obligé de se rendre sympathique à son tour : c'est le principe de réciprocité que l'on retrouve ici.

C'est ainsi que marchent les réunions du type « Tupperware© », dont le fonctionnement, qui a démontré une grande efficacité, est décliné maintenant pour divers types de produits. Là aussi, le même principe opère, même si nous sommes complètement conscients de la raison pour laquelle nous allons acheter ce que l'on nous propose.

Familiarité et sympathie

Une autre manière de se rendre sympathique et de paraître « familier » : donner une impression de déjà-vu par exemple. Quand vous rencontrez une personne, dans une soirée, que vous croyez avoir déjà vue, la discussion s'enclenche souvent plus facilement que si elle vous paraissait une parfaite inconnue...

De même, quand on étudie les techniques de vente et plus particulièrement de négociation, il y a une règle que l'on apprend rapidement : pour commencer sa « négo » du bon pied, il faut récapituler en premier lieu les points d'accord, même s'ils ne représentent que 5 % du contrat à discuter ! En effet, une personne qui essaie de vous amener à faire quelque chose pour son profit a tout intérêt à faire ressortir immédiatement le côté positif de la chose... il est ainsi plus délicat de rompre les négociations tout de suite...

Un manipulateur peut également faire ressortir des points communs entre vous et lui, pour augmenter cette impression de sympathie. Il n'est pas difficile d'en trouver et les « coïncidences » sont parfois trompeuses...

Beauté et sympathie

Eh oui, il faut avouer que nous sommes tous conditionnés pour penser que ce qui est beau est forcément bon... Ainsi, une assiette joliment présentée nous paraîtra meilleure qu'une assiette présentée « à la va-vite », même si les ingrédients, la cuisson, l'assaisonnement sont exactement les mêmes.

Pourquoi nous faisons-nous avoir comme cela ? Il y a une cause qui tient de notre évolution. Nos ancêtres avaient certainement plus d'attirance envers ceux qui semblaient avoir bonne mine, plutôt que les autres : ils paraissaient avoir un meilleur capital génétique et de meilleures chances de se reproduire...

on peut se demander si notre fonctionnement a réellement changé depuis l'aube de l'humanité... De même, il y a aussi une cause culturelle. Pour prendre un exemple parmi tant d'autres : regardez n'importe quel dessin animé. Il est évident que les « gentils » (Blanche-Neige...) sont infiniment plus beaux et plus mignons que les « méchants » (sa belle-mère quand elle a l'aspect d'une vieille sorcière)...

Quand le développement personnel est utilisé pour manipuler

De nombreuses thèses et autant de courants existent maintenant dans la sphère de ce que l'on appelle le développement personnel. Le développement personnel est un domaine largement démocratisé maintenant, qui regroupe toutes les connaissances et techniques pour aider chacun de nous à mieux vivre, mieux communiquer, mieux s'accepter... Il regroupe donc des disciplines diverses, comme le yoga, la communication non violente, l'analyse transactionnelle, la programmation neuro-linguistique, etc., diffusées par des associations ou des entités privées.
Ces techniques sont destinées à un large public (tout comme l'ouvrage que vous tenez dans la main) et peuvent donc être enseignées à n'importe qui, sans aucune vérification éthique, ni de la personne qui reçoit l'enseignement, ni de la personne qui le dispense d'ailleurs. De plus, la plupart sont enseignées dans le cadre de la formation continue professionnelle, en tant qu'outils de travail et de communication (par exemple pour les commerciaux).

Par exemple, la PNL (programmation neuro-linguistique) enseignerait des techniques destinées à se « synchroniser » sur autrui, afin de mieux communiquer avec lui, en faisant référence à ses valeurs, ses besoins, voire sa gestuelle. La synchronisation permettrait, en étant similaire à autrui, de se rendre plus sympathique et donc plus convaincant...

À RETENIR

Au-delà de son caractère évident, il faut noter que ce principe est très largement utilisé par les manipulateurs de tout poil, au moins pendant la phase d'amorçage, où ils « ferrent » leur proie... Non qu'il faille toujours se méfier des personnes aimables, mais cette amabilité peut être suspecte quand elle s'accompagne d'une demande ultérieure...

La personne qui veut se rendre sympathique au premier abord, sourira évidemment, mais cherchera aussi, via une observation fine de votre comportement et de votre apparence, à mettre en avant des points communs (réels ou fictifs), des rencontres antérieures, des amis communs, afin de créer un a priori positif de votre part car, en général, on préfère ce que l'on connaît...

Notre cerveau, un peu feignant, fait souvent un raccourci entre beauté physique et beauté morale. En assimilant les deux, il laisse donc une marge de manœuvre et une tolérance plus grandes aux gens au physique avantageux, qui voudraient nous manipuler.

La stratégie gagnant-gagnant

« Comprendre une personne, c'est déjà lui parler. Poser l'existence d'autrui en la laissant être, c'est déjà avoir accepté cette existence, avoir tenu compte d'elle. »

Emmanuel Lévinas

Témoignage

« J'ai été un manager exécrable : je croyais que ma position justifiait le fait de me faire obéir des gens, j'imposais énormément sans me justifier et je me heurtais à la mauvaise volonté de mes collaborateurs. J'étais toujours dans un rapport de force.

Et puis, j'ai suivi un séminaire sur la méthode gagnant-gagnant. Il s'agit de reconnaître les besoins de chacun des collaborateurs et de faire en sorte que tout le monde en sorte gagnant. Il ne s'agit pas de "céder" ou de "gagner" mais bien d'apprendre à travailler ensemble de la manière la plus efficace. Cela permet d'être pleinement conscient du boulot et des difficultés que chacun rencontre. Ça a changé ma vie au bureau. Je n'impose plus : je dis ce vers quoi j'aimerais qu'on aille, quels sont les objectifs et on discute ensemble des moyens qu'il faut mettre en œuvre. Souvent, on arrive à une décision qui s'apparente à celle que j'aurais imposée mais comme elle a été prise collectivement, elle est appliquée avec enthousiasme et sérieux. On pourrait croire que c'est une perte de temps mais ce temps on le rattrape par la suite dans la fluidité du travail. Bien sûr, je pourrais être cynique et me dire qu'il ne s'agit que de manipulation : je fais croire à mes subordonnés qu'ils ont le choix pour qu'ils embrassent ma décision. Mais cette méthode a tout de même instauré plus de respect et de dialogue. Tout le monde se sent impliqué dans les projets, les salariés sont plus réceptifs et proactifs. »

Jean-Marc, 46 ans

Un peu de théorie

Win-win

La méthode gagnant-gagnant, ou approche sans perdant, a été développée par Thomas Gordon, un psychologue américain, pour aider à la résolution de conflits dans le cadre professionnel mais aussi éducatif. Cette technique repose sur le principe et le respect de la satisfaction des besoins de chacun, tel que l'a définie Abraham Maslow. Les conflits (ou les situations qui y conduisent tels que les changements) résolus par une méthode forte sont inefficaces sur le long terme. Peu importe le bien-fondé de la chose, ce qu'on retiendra, c'est la relation de pouvoir et le sentiment de frustration qui en résulte. Les rapports de force, les abus de pouvoir provoquent de la mauvaise volonté, de la résistance passive, une mise à l'écart ou une certaine infantilisation chez l'autre. De fait, on n'obtient pas du tout ce qu'on veut. On travaille « contre » les autres. Au contraire, les prises de décision basées sur le consensus sont pérennes parce que chacun a eu son mot à dire. Tout le monde travaille beaucoup plus efficacement et avec plaisir, en se sentant concerné et considéré.

Il s'agit donc de mettre en place une réelle communication où chacune des parties sera à même d'exposer ses besoins, ses difficultés, ses idées et d'écouter, de comprendre ceux des autres. Cela passe par différentes techniques, comme celle de l'écoute active et la préférence pour les « messages-je ». Aucune décision n'est censée être prise avant que chacune des parties n'y ait trouvé son compte.

Les messages-je

Le changement en entreprise est souvent appréhendé par les employés. Ils le vivent comme un traumatisme parce qu'ils redoutent toujours de se « faire avoir » et, par réflexe, prêtent des intentions malveillantes aux décideurs. Une simple réorganisation de l'espace peut tourner au pugilat pour peu qu'elle soit imposée. En mettant en place des dialogues et en donnant la parole à toutes les personnes concernées, en leur demandant leur avis sur les événements ou les projets en cours, ou juste en les tenant au courant, on implique tout le monde dans la prise de décision qui est de fait plus respectée.

« Vous êtes encore en retard ! Vous deviez me rendre ce dossier hier ! » On le voit ici, le message stigmatise la personne qui devait rendre le rapport. Thomas Gordon préconise ici de plutôt favoriser un message qui implique l'émetteur : « Aïe, je suis ennuyé, j'attendais ce rapport pour hier. » Par ce biais, vous ouvrez le dialogue au lieu de le fermer ou de l'envenimer. La personne ne va pas se sentir attaquée, ni culpabiliser, elle va chercher à vous aider à résoudre « votre » problème.

Cette méthode a aussi fait ses preuves dans l'éducation : au lieu d'imposer et de donner des ordres (« éteins ta musique ! »), on raisonne en termes de besoins : j'ai besoin de calme quand je rentre du travail alors que tu as besoin d'écouter ta musique très fort, trouvons une solution ensemble (« à partir de 19 heures, tu mets un casque »). Ainsi, on ne nie pas le besoin de l'autre.

Manipulation ?

L'écoute active est une technique thérapeutique mise au point par le psychologue américain Carl Rogers. Le principe est de faire parler la personne en l'« écoutant activement », c'est-à-dire en paraphrasant son propos et en la relançant régulièrement dans le seul but de cerner ses besoins et ses sentiments. Le but est que la personne exprime ce qu'elle ressent, il faut donc être très vigilant dans les relances et éviter ce que Gordon appelle les messages à risque susceptibles de faire cesser net le dialogue : commander, menacer, faire la morale, conseiller, expliquer, blâmer, juger, approuver, ridiculiser, diagnostiquer, rassurer, enquêter et faire de l'humour.

Même si l'approche sans perdant part d'intentions somme toute louables (écouter et prendre en compte les besoins des autres), elle est souvent utilisée à des fins plus ou moins manipulatoires. En effet, elle est généralement à l'initiative de la personne en position de force (le parent, le manager) qui va poser son besoin comme celui de référence (j'ai besoin que la maison soit en ordre, que ce dossier soit fini demain, etc.) et ce n'est que dans ce cadre déjà restreint que va se tenir la réflexion. C'est une technique de management en douceur qu'adoptent maintenant de plus en plus d'entreprises : elles ne prennent de décisions importantes que quand tout le personnel est d'accord (ce qui arrive en général au bout du compte) et les décisions n'ont donc pas loisir d'être remises en cause ou critiquées.

À RETENIR

Cette technique a été développée à la base pour aider à la résolution de conflits dus à la volonté d'une personne de tout imposer aux autres d'une manière autoritaire. Elle consiste à faire dialoguer les deux parties concernées pour parvenir à de meilleurs résultats. Elle est utilisée dans le milieu professionnel mais aussi dans celui de l'éducation.

Le changement fait souvent peur. On pense qu'on va être lésé. Pour remédier à cela, Il s'agit d'instaurer un dialogue en suivant certaines règles. Avec l'utilisation des messages-je, les décisions ne sont plus imposées, mais prises en commun, le sentiment de liberté est préservé, les participants sont engagés et les décisions prises sont pérennes.

L'écoute active permet de faire parler son interlocuteur : le dialogue est ainsi ouvert et chacun peut exprimer ce qu'il a sur le cœur et se sent alors considéré. La technique du gagnant/gagnant peut servir à manipuler dans la mesure où l'un des participants a une position de leader naturel dont les besoins sont instaurés comme référents.

Je repère les manipulateurs de mon entourage

« Les individus à forte personnalité manipulatrice ne se rendent pas compte qu'ils ont généralisé des attitudes et des comportements toxiques, pas plus qu'ils n'ont conscience des dégâts qu'ils peuvent causer autour d'eux. »

Christophe Carré

Témoignage

« Ma belle-mère, Dominique, a toujours été assez… envahissante. Cela ne dérangeait pas vraiment mon mari mais moi, j'avoue que ça me gênait. Je lui en ai parlé assez vite et David a été plutôt compréhensif : petit à petit, il a réussi à mettre un peu de distance avec elle, mais il culpabilisait énormément. Évidemment, elle ne faisait rien pour lui faciliter la tâche : quand il l'appelait, elle commençait toujours par un « Tu n'appelles plus ta vieille mère ? ». Idem quand on passait chez elle, elle se plaignait toujours qu'on la négligeait, qu'elle se sentait seule… Le pire, c'est quand on a eu Gwenaëlle. Dominique est arrivée deux semaines avant la naissance et elle a commencé à tout régenter : elle faisait les repas, les courses, le ménage… Moi, il est clair que ça m'arrangeait d'un côté, mais je trouvais ça étouffant aussi. Mais c'est après la naissance de Gwen que ça a dérapé : il fallait manger à telle heure, ne pas manger tels aliments parce que ce n'était pas bon pour le lait, etc. La fatigue aidant, j'ai craqué très rapide-

ment et on s'est disputées. Là, elle m'a surprise en fondant en larmes et en disant qu'après tout ce qu'elle avait fait, elle ne concevait pas qu'on la traite comme ça, qu'elle ne pensait qu'à notre bien… Et je sais qu'elle n'avait pas tort au fond ! Mon mari, lui, était bien en peine de prendre parti, mais il a fini par demander à sa mère de partir… On se sentait tous les deux coupables… mais on se sentait enfin libérés ! »

Soizic, 36 ans

Un peu de théorie

Le manipulateur culpabilisateur

Ce type de manipulateurs correspond bien à la belle-mère de Soizic. On le repère facilement : avec lui, on se sent forcément coupable à un moment donné ! Ce n'est pas quelqu'un de méchant, attention, mais il a tendance à faire plier les autres en utilisant une arme redoutable, le chantage affectif. Et c'est très difficile à contrecarrer, surtout quand on a une facilité naturelle à culpabiliser pour un rien !

Ce manipulateur cherche le plus souvent de l'attention et de la reconnaissance chez les autres et utilise ce que l'on appelle le principe de réciprocité pour arriver à ses fins. Typiquement, c'est celui qui vous donne tout de suite beaucoup, voire beaucoup trop : trop d'argent, de cadeaux, de temps, de compliments… Il en devient rapidement envahissant. Mais le fait d'avoir donné autant lui garantit une chose, très précieuse : vous vous sentez alors redevable envers lui, ce qui lui permet, le cas échéant, de faire fonctionner très facilement le chantage affectif. Il vous culpabilisera alors en vous disant : « Après tout ce que j'ai fait pour toi… »

Le plus important est donc de ne pas tomber dans le piège de la réciprocité. La solution, pour ne pas rentrer dans le jeu de la culpabilité, est soit de refuser que cette personne vous donne beaucoup dès le début, en mettant de la distance immédiatement, soit de « rendre » d'une certaine manière ce qui vous a été « donné », de façon à équilibrer à peu près la balance : un cadeau pour un cadeau, une visite pour une visite...

Le manipulateur séducteur

Avec celui-ci, il faut surtout faire attention à ne pas céder à ses charmes ! Ce type de manipulateurs utilise, comme son nom l'indique, la séduction pour arriver à ses fins. De plus, s'il est bon (c'est-à-dire suffisamment intelligent et subtil), il est difficile à repérer, car on se dit tout simplement que c'est une personne charmante ! Évidemment, ce manipulateur est un problème s'il essaie de vous tromper, mais si ses objectifs sont « sains » et ne vous portent pas préjudice, alors il est agréable de faire commerce avec lui.

Ce type de manipulateurs est fréquent, forcément, chez les vendeurs : agents immobiliers, concessionnaires, restaurateurs... Son point fort, c'est évidemment le « bagou » associé à une certaine finesse psychologique : il repère très rapidement comment faire plaisir et flatter sa « victime ». Et le pire, c'est que ça marche ! Car même si on sait que le sourire et les compliments sont là pour (se) vendre, on a quand même tendance à se faire avoir, car on a alors l'impression d'être en quelque sorte « unique au monde ». C'est ainsi que les don Juan procèdent !

La solution ? Gardez en tête votre objectif et votre lucidité, même si ça peut être difficile. Mais pensez à une chose : même si le vendeur est agréable, souriant et vraiment sympathique, son objectif est quand même de réaliser une vente, alors que le vôtre peut être de ne pas dépasser un budget de 500 €, d'effectuer uniquement un repérage, de choisir l'article le moins cher…

Le pervers narcissique

Celui-ci, il faut y faire très attention et si on le croise, ne pas chercher à jouer avec lui : au contraire, il vaut mieux prendre ses jambes à son cou si l'on ne veut pas y laisser des plumes. La difficulté, encore une fois, c'est qu'il est difficile à repérer, bien que certains indices puissent vous y aider. D'abord, c'est souvent quelqu'un soit de solitaire, soit qui « compartimente » bien sa vie. Par exemple, il vous dira qu'il a plein d'amis, mais vous ne les verrez pas souvent. De même, ses collègues, sa famille ne seront jamais des personnes proches, tout simplement parce qu'il ne sait pas créer de vraies relations. De plus, il essaiera le plus souvent de vous éloigner de vos proches et amis : en les critiquant subtilement (« Tu ne trouves pas qu'il était bizarre Antoine ce soir ? » ou « Je ne sais pas comment tu supportes que Léa te parle ainsi… ») ou en vous demandant de passer plus de temps avec lui en tête à tête par exemple.

L'autre indice, c'est que le pervers narcissique est imprévisible : on ne sait jamais sur quel pied danser avec lui, quelles seront ses réactions. Il a ainsi tendance à souffler le froid et le chaud. C'est très déstabilisant, mais ça a un avantage de taille pour lui : en agissant ainsi, il nous empêche de prendre des initiatives et nous met en position d'attente, voire de dépendance par rapport à lui. C'est ce qui le rend dangereux : à terme, on finit ainsi par lui laisser de plus en plus de pouvoir sans même nous en rendre compte…

À RETENIR

Il est facile à repérer, car il est envahissant et se « dévoile » souvent assez rapidement. Il faut donc faire attention à ne pas prêter le flanc au chantage affectif et apprendre à mettre de la distance tout de suite, gentiment mais fermement. Mettez des règles claires en place dès le début, cela vous garantira une certaine tranquillité.

Beau parleur, souriant, sympathique, le séducteur est foncièrement quelqu'un de très agréable à côtoyer. Il sait utiliser ses atouts pour atteindre ses objectifs et le fait souvent intelligemment. Il faut donc, avec lui, avoir toujours en tête ses propres intérêts, limites et objectifs, car il sait nous les faire oublier si rapidement…

Le pervers narcissique est le pire des manipulateurs, car il ne respecte pas ses victimes et ne culpabilise pas en leur portant préjudice. Ses armes favorites : d'abord, isoler ses proies pour les rendre plus malléables et fragiles. Et une fois qu'elles sont « ferrées », souffler le chaud et le froid pour les rendre encore plus dépendantes et dociles…

Des points faibles, moi ? Jamais !

« Parmi les plus faibles, le plus fort est celui qui n'oublie pas sa faiblesse. »

Proverbe suédois

Témoignage

« Il y a 7 ans, je suis sorti major de ma promo et j'ai été embauché dans une boîte très prestigieuse, bien connue à Paris. À vrai dire, j'ai été effaré d'avoir eu ce poste : le salaire était indécent, j'avais mes entrées dans les boîtes les plus « selects », les meilleurs restaurants… Le pire, c'est que je n'arrivais pas à croire que, moi, Antoine, j'allais faire partie de ce monde-là… Et, en effet, j'ai eu du mal à me faire à l'ambiance. Par exemple, j'avais la désagréable sensation que mes collègues me traitaient de haut…

À ce moment-là, j'ai rencontré Sofia en boîte, une superbe métisse, qui, je l'avoue, m'a complètement fait tourner la tête. Ça a été la grande vie, avec une telle beauté à mon bras. Et elle m'a bien aidé à dépenser mon argent pour bien faire baver mes collègues… C'est simple, elle me disait toujours : « Il faut en profiter, leur en mettre plein la vue ! ». J'ai organisé des soirées mémorables, acheté une Porsche, des costumes Hugo Boss… sans compter tous les cadeaux que je lui ai offerts !

Et puis, un jour… Le big boss s'est fait pincer pour détournement de fonds et la boîte a coulé. Je me suis retrouvé sans travail, avec des emprunts à gogo... J'ai évidemment vendu la Porsche, l'appartement... Et, bien sûr, Sofia a disparu du jour au lendemain... et ma dignité avec ! J'avais tellement honte de moi... »

Antoine, 37 ans

Un peu de théorie

Dis-moi ton point faible... Et je te manipulerai !

Comme on le voit dans le témoignage d'Antoine, on a beau être intelligent et gagner beaucoup d'argent, on n'en est pas moins sensible à la manipulation. Pourquoi ? Parce que les bons manipulateurs s'appuient non pas sur notre intelligence, mais plutôt sur notre côté émotionnel et affectif. Ils savent d'instinct repérer les leviers qu'ils pourront utiliser pour mieux se servir de nous.

Par exemple, pour Antoine, quel était ce levier ? Facile ! Trois choses étaient flagrantes : premièrement, Antoine ressentait un fort sentiment d'infériorité par rapport à ses collègues. Deuxièmement, cela lui donnait la sensation de ne pas faire partie de ce monde privilégié. Et enfin, il avait quand même la farouche envie de s'y intégrer. Quand Sofia, fine mouche qu'elle devait être, a senti ses peurs et ses désirs, il a été facile pour elle de s'engouffrer dans cette brèche, d'attiser ses sentiments pour mieux servir ses desseins : vivre aux crochets d'un homme crédule qui lui apporterait du confort matériel et des soirées mondaines... mais cela a pu se faire seulement parce qu'Antoine lui-même voulait correspondre à cette image de « golden boy »... Certes, vu de l'extérieur, la manœuvre de Sofia devait sembler évidente et certains diraient même : « Bien fait pour lui ! » Cependant, c'est Antoine qui se retrouve seul, désemparé, honteux et sans le sou… Le méritait-il réellement, lui qui voulait seulement se montrer à son avantage dans un monde dont il ne maîtrisait pas tous les codes ?

Le besoin d'être aimé et la peur d'être rejeté

Le besoin éperdu de reconnaissance qu'Antoine a ressenti et qui l'a rendu fragile face à la manipulation n'est pas le seul point faible possible. Un autre levier de manipulation important est le besoin d'être aimé et son corollaire, la peur d'être rejeté. Bien entendu, tout le monde ressent ce besoin et cette peur, mais certaines personnes, de par leur vécu, sont plus sujettes à ce type d'angoisses que d'autres. Par exemple, si une personne s'est sentie ou a été rejetée étant enfant par son père ou sa mère, et qu'elle a, de fait, grandi avec l'idée qu'elle n'était pas digne d'être autant aimée que les autres, elle risque fort de souffrir de cette peur du rejet et de l'abandon. Ce qui fera d'elle une proie idéale pour les individus manipulateurs qui pourront, à loisir, utiliser ce levier puissant. Difficile, alors, de leur dire non ou de refuser de leur rendre service s'ils jouent sur la corde sensible de l'amitié ou de l'amour mis en péril. Car les personnes qui ont peur d'être rejetées ont, par-dessus tout, peur du conflit, ce qui les amène à accepter des idées qu'elles ne partagent pas ou à céder sur des choses qu'elles ne voulaient pas faire initialement… Attention donc, si vous reconnaissez chez vous ce point faible, à ne pas vous laisser déstabiliser. Faites particulièrement attention si l'on vous dit des phrases comme : « Mais tu sais, tout le monde fait comme ça ! » ou « Je pensais que tu étais fiable » ou encore « Tu serais vraiment un amour si tu pouvais… »

La soumission à l'autorité

D'autres personnes sont aisément manipulables de par ce que l'on appelle leur soumission à l'autorité. Ces personnes ont, en général, toujours été très obéissantes envers leurs parents ou encore leurs professeurs (par éducation, peur des représailles…) et, par extension, le sont aussi envers toute personne portant un « signe d'autorité » réel ou symbolique. Par exemple, elles se montreront plus crédules et malléables dès lors que vous porterez un uniforme plus ou moins officiel. Mais cela va même plus loin ! Dès lors que vous semblerez respectable ou « bien sous tous rapports », ces personnes seront plus enclines à vous écouter. De plus, tout signe de « supériorité », qu'elle soit hiérarchique, intellectuelle ou encore sociale, vous permettra de les mettre sous votre coupe et ce, même si cette « autorité » n'est qu'une façade… C'est d'ailleurs comme cela que les meilleurs escrocs (Bernard Madoff en tête…) bernent les gens les plus puissants… et les autres ! Leur apparence respectable et leur discours étudié pour correspondre aux attentes de leur victime suffisent amplement à leur donner une impression de dignité et de fiabilité… dont ils profitent allègrement !

Enfin, il est nécessaire de faire une remarque : ces dernières années, la télévision (et les personnes que l'on y voit) a, de par le phénomène de média de masse, acquis cette apparence d'autorité et de respectabilité. Ainsi, les informations qui y sont diffusées sont souvent (à tort) considérées comme sûres.

À RETENIR

Nos failles sont plus émotionnelles qu'intellectuelles et peuvent être utilisées à mauvais escient pour nous amener à avoir des comportements que nous n'aurions pas naturellement. La première de ces failles, le sentiment d'infériorité et son corollaire le besoin de reconnaissance, peut ainsi être un levier facile à trouver et à actionner pour nous manipuler.

Cette peur-là est, en effet, commune à tous les êtres humains, car nous sommes « programmés » pour vivre en société pour pouvoir survivre et nous épanouir. Les manipulateurs peuvent ainsi jouer sur ce besoin d'être accepté, en utilisant comme levier le jugement du groupe ou le chantage affectif pour pouvoir obtenir ce qu'ils souhaitent de nous.

Toute notre enfance, on nous a dit d'obéir aux règlements, aux adultes, à « ceux qui savent ». De fait, nous sommes sensibles, à des degrés divers, aux signes d'autorité, que ces derniers soient réels, symboliques ou culturels. Raison pour laquelle nous ne pensons pas toujours à mettre en doute ce qu'une personne « respectable » et autoritaire nous demande.

Je contre-attaque et je me défends !

« Gémir sur la dureté de la vie empêche de voir la réalité en face et, par conséquent, d'agir efficacement. »

Jacques Regard

Témoignage

« Je travaille depuis 10 ans dans la même entreprise. Et l'an dernier, mon chef de service, avec qui je m'entendais bien, est parti à la retraite. J'ai alors accueilli la nouvelle chef, qui m'a tout de suite paru très antipathique. Très vite, l'ambiance est devenue irrespirable dans le service. Elle n'arrêtait pas de m'appeler, pour un oui ou pour un non, en me traitant de façon très sèche. Au début, je n'ai rien dit, car je n'osais pas me la mettre à dos tout de suite. J'ai donc essayé de me montrer plus rapide, efficace… mais rien n'y a fait ! Elle a commencé à m'enlever des responsabilités, à dénigrer mon travail, à me donner des choses à faire complètement inutiles, ou à me donner ordres sur contre-ordres… Bien sûr, j'ai bien failli craquer mais je me suis dit que je n'allais pas me laisser faire. J'ai noté minutieusement tout ce qu'elle me disait ou me demandait de faire. Je répondais aussi par écrit à ses ordres en lui demandant confirmation que je devais bien effectuer telle tâche, tout en continuant à (essayer de) faire mon travail normalement. Et quelques semaines plus tard, je suis allée voir le directeur avec tout cela et accompagnée du délégué du personnel, en lui disant que si cela ne cessait pas, je portais plainte pour harcèlement

moral. Il me connaît bien et a tout de suite compris que je ne plaisantais pas. Il a convoqué ma chef dans son bureau et j'ai vu cette dernière en ressortir furibarde… Un mois après, elle n'était plus là ! »

Anna, 46 ans

Un peu de théorie

Rester lucide et agir rapidement

Rester lucide sur soi et les autres, cela signifie éviter, dans la mesure du possible, de réagir trop émotionnellement aux événements. Cela signifie donc rester clair sur ce que l'on vaut et sur ce que l'on veut, car les manipulateurs sont les champions pour nous faire oublier ces choses essentielles. Ainsi, dans le cas d'Anna, on peut supposer que son objectif était de continuer à bien faire son travail, mais pas à n'importe quel prix et certainement pas au détriment de sa santé mentale ! Ainsi, du moment où sa chef ne lui permettait plus d'atteindre son objectif, elle a décidé d'agir et d'agir rapidement ! En effet, plus on attend et plus les conséquences peuvent être graves : certaines manipulations peuvent entraîner des dépressions, des « burn-out »… Et même sans aller jusque-là, l'efficacité, l'estime de soi, les relations aux autres peuvent être durablement affectées par ce type de situations. L'autre chose importante, surtout dans le cas d'Anna, et qu'elle a, tout en s'organisant pour se défendre, continué à essayer de faire son travail. Cela lui a permis, d'abord, de ne pas prêter le flanc à de possibles critiques. Elle faisait ce qu'on lui demandait : sans faire preuve d'aucune résistance passive, qui est souvent mal perçue par les personnes extérieures au harcèlement. Et ensuite, cela a contribué au fait qu'elle ne se sentait pas dans la peau d'une victime impuissante, bien au contraire. En faisant ainsi, elle ne perdait pas la confiance qu'elle avait en elle.

Tenter de comprendre le manipulateur

En général, quand une personne manipule une autre personne, elle le fait parce qu'elle ne voit pas d'autres solutions possibles pour obtenir ce qu'elle veut. Encore une fois, il est important de se dire qu'il y a de très faibles chances pour qu'elle manipule sa « victime » dans le dessein de la détruire, même si les apparences sont contre elle, car ce type de manipulations est, heureusement, très rare... Sachant cela, il peut donc être judicieux de se demander : « Comment cette personne peut-elle obtenir ce qu'elle souhaite, mais sans que cela se fasse à mon détriment ? » Certes, cela demande du courage et surtout beaucoup de bienveillance, mais penser ainsi peut dénouer beaucoup de situations difficiles : finalement, on apporte à l'autre une solution à laquelle il n'avait pas pensé...

La première chose à se demander est donc finalement : « Pourquoi ? Pourquoi se comporte-t-elle ainsi ? De quoi aurait-elle peur ? Quel pourrait être son but ? » Par exemple, dans le cas d'Anna, on peut penser que sa chef a peut-être eu peur d'elle, de son expérience et a alors tenté de la déstabiliser et la discréditer pour, inconsciemment, asseoir son autorité. Là était donc alors son objectif. Dans ce cas-là, il aurait été peut-être possible, avant même d'essayer de contre-attaquer, d'essayer de la rassurer d'une certaine manière sur ses prérogatives, en lui disant clairement qu'Anna n'était pas une menace, bien au contraire et que leurs responsabilités étaient de toute façon différentes.

Clarifier les paroles et les actes

Les personnes qui manipulent se servent, en effet, de notre tendance à ne pas clarifier les situations, à laisser les choses dans le flou et c'est ce qui fait que l'on se fait avoir. Clarifier la situation, c'est donc enlever tout ce qui est flou : ne pas accepter les sous-entendus, rendre les objectifs plus limpides, forcer l'autre à prendre position et ne pas se contenter d'un « peut-être ».

Par exemple, si un ami vous fait du chantage affectif, clarifiez ce qu'il dit : « Tu veux dire que, si je ne fais pas ce que tu me demandes, tu ne seras plus mon ami ? » Cela peut largement suffire pour que votre « ami » fasse machine arrière. De même, face aux beaux parleurs qui vous endorment avec leurs discours, résumez ou reformulez leurs paroles sans ambiguïté : « Donc j'ai besoin d'avoir une réponse claire : tu me dis oui ou tu me dis non à la fin ? » ou alors « Bon, alors si j'ai bien compris, tu me dis que… c'est bien ça ? »

Dans le cadre du travail, on le voit dans le témoignage d'Anna, il peut être important de faire appel à l'écrit pour formaliser certaines demandes, certains ordres. Ainsi, pour vous protéger, n'hésitez pas à demander une confirmation de l'ordre par écrit, ou reformulez ce que vous avez compris de la demande : « J'aimerais être certain de ne pas faire d'erreur, donc pouvez-vous me confirmer que vous me demandez de… » Cette simple action permet de ne pas se mettre en porte-à-faux, mais montre aussi à l'autre que vous n'êtes pas dupe de son jeu…

À RETENIR

Trop souvent, la personne manipulée oublie qu'elle peut être actrice dans sa relation avec le manipulateur et que c'est son inaction qui rend la manipulation possible. Elle prend alors, inconsciemment, le statut de victime, ce qui la rend psychologiquement plus fragile. Il faut donc s'accrocher à ses objectifs et agir pour ne pas se laisser déstabiliser.

Souvent, le manipulateur est une personne d'une certaine façon « démunie », incapable d'obtenir ce qu'elle souhaite d'une façon saine. Une façon de stopper une manipulation est donc de lui montrer, sans la juger, une autre façon de faire, ou de lui donner une autre solution pour qu'elle obtienne ce qu'elle souhaite sans faire de mal autour d'elle.

Le manipulateur adore profiter ou créer des zones d'ombre dans les relations ou dans la communication : tout l'implicite peut lui être utile. Il faut donc l'amener à clarifier ce qu'il vous dit (le mieux est de jouer à la personne candide !), à prendre position, afin de lui laisser le moins de chances possible de nier ses paroles ou ses actes.

J'obtiens ce que je veux quand je le veux !

« Nous nous rendrons très vite compte que des pratiques manipulatrices – pour peu qu'on soit capables de les identifier comme telles – foisonnent dans l'existence sociale. »

Joule & Beauvois

Témoignage

« Je suis vendeur dans une boutique de vêtements pour hommes et sincèrement, je pense que je suis très bon dans ce que je fais. Comme dit ma femme, je crois que je pourrais vendre un pantalon à un cul-de-jatte ! À quoi ça tient ? Je ne sais pas trop. Je crois que je « sens » bien les gens, je repère ce dont ils ont besoin, ce qu'ils veulent entendre... Après, attention, je ne suis pas là non plus pour refourguer des vêtements qui ne leur iraient pas ! Pour moi, un client content, c'est un client qui repart plus élégant et bien dans sa peau que lors de son arrivée... En fait, ma « technique », si on peut appeler ça comme ça, c'est, déjà, de ne pas sauter sur le client tout de suite, les hommes ont horreur de ça... Mais ce qui est sûr, en revanche, c'est qu'un homme qui rentre dans une boutique de vêtements a vraiment besoin de quelque chose ! Ce n'est pas comme les femmes, qui peuvent faire du shopping pour le plaisir... Donc, je considère que je suis là pour satisfaire ce besoin. Je leur pose donc un maximum de questions pour repérer ce dont ils ont vraiment besoin : quel style ils aiment,

qu'est-ce qu'ils comptent faire avec ce vêtement... J'essaie de leur poser des questions vraiment concrètes, terre à terre. Je ne leur parle pas de coupe, de tissu... c'est trop technique pour eux et puis, ils n'y connaissent rien ! En fait, je fais en sorte de les écouter pour qu'ils se sentent « uniques » le temps d'un instant... C'est ce qui marche le mieux ! »

Guillaume, 35 ans

Un peu de théorie

Manipulation et éthique

Évidemment, quand on vous promet de vous montrer comment manipuler autrui, vous devez vous dire que ce n'est pas très éthique... Alors, bien sûr, soyez rassuré dès maintenant, le but, ici, n'est pas de profiter des autres, ni de leur faire du mal, mais d'obtenir d'eux des choses ou des comportements plus facilement, avec plus de douceur et finalement de respect qu'en utilisant la menace, le chantage ou la coercition !

En fait, concrètement, nous essayons de manipuler autrui tous les jours. On pourrait même ajouter : dès lors que nous communiquons. Quand on négocie un contrat, quand on veut que son enfant mange sa soupe, quand on essaie de vendre un objet à un client... nous essayons de le manipuler, c'est-à-dire de lui faire faire ce que l'on souhaite de lui... Cela ne fait pas de nous pour autant des manipulateurs toxiques...

Un autre domaine où la manipulation est très utilisée est celui du management, la gestion des hommes. N'admire-t-on pas celui (ou celle) capable de nous parler avec éloquence, de nous remotiver après un coup dur ? N'est-il pas plus agréable de travailler avec quelqu'un qui sait désamorcer les conflits, accompagner le changement en limitant les résistances, ou encore travailler avec les personnes dites « difficiles » dans le service ? Eh bien, tout cela, c'est de la manipulation et personne ne pense à reprocher à un manager de savoir bien gérer ses hommes !

L'art de poser les bonnes questions

Le grand secret des bons manipulateurs, c'est de savoir exactement ce dont vous avez besoin. Et comment font-ils pour le savoir ? Comme Guillaume le dit : ils bénéficient d'une bonne dose de finesse psychologique, mais ils connaissent aussi l'art de poser les bonnes questions. Être un bon vendeur, un bon manager, un bon négociateur, ce n'est donc pas si difficile ! Le secret, c'est donc de poser des questions qui font mouche pour repérer ce dont votre interlocuteur a besoin. Le mieux, c'est, au départ, de tâter le terrain : pour cela, les questions ouvertes sont les plus efficaces. Elles mettent à l'aise, permettent à l'autre de s'exprimer sans paraître trop inquisiteur. Puis, au fur et à mesure que l'autre se dévoile, il faut alors essayer de « resserrer le champ des possibles », c'est-à-dire poser des questions de plus en plus précises ou de plus en plus orientées. Ainsi, tout en répondant à vos questions, l'autre aura l'impression, en plus, de prendre lui-même sa décision (ceci est très important), sans se rendre compte que vous l'avez amené à ce résultat.

Par exemple, prenons le cas d'un enfant qui ne veut pas manger. D'abord, demandez pourquoi il ne veut pas manger : il répondra peut-être parce qu'il n'aime pas ça. Ensuite, demandez-lui ce qu'il faudrait pour que sa soupe soit meilleure… Et enfin, donnez-lui le choix entre mettre du sel, des croûtons, du fromage râpé, du poivre… Ainsi, il aura l'impression d'avoir le choix… mais il mangera quand même sa soupe !

L'art de rendre les refus impossibles

Obtenir ce que l'on veut équivaut souvent à faire en sorte que l'autre dise : « Oui » à votre demande ! Alors, comment faire ?

Bien sûr, la première chose qui vient à l'esprit pour faire en sorte que l'autre dise : « Oui », est, d'abord, de lui donner quelque chose (lui offrir un cadeau, un dîner, lui rendre service). C'est, en effet, quelque chose de très puissant : par exemple, les grands de ce monde ont l'art de créer des dettes pour les utiliser au bon moment. Il est, en effet, difficile de refuser quelque chose à une personne qui est d'habitude très arrangeante. D'ailleurs, ne vous est-il pas déjà arrivé de venir travailler sur un jour de congé à la demande de votre chef parce que ce dernier vous a déjà rendu service en acceptant des congés à la dernière minute ?

Une autre manière d'amener l'autre à dire : « Oui » consiste à utiliser « l'effet de contraste » : c'est une technique couramment utilisée par les vendeurs. Elle consiste à faire une première demande à laquelle il est justement impossible de dire oui, pour tout de suite en faire une autre, coûteuse peut-être aussi, mais qui paraît, en comparaison, beaucoup plus raisonnable. De plus, la culpabilité d'avoir dit : « Non » à la première demande vous amènera plus naturellement à dire : « Oui » à la seconde… encore une fois parce que symboliquement vous aurez contracté une « dette » envers votre interlocuteur (ce qui, quand on y pense bien, est faux, puisque c'est lui qui vous demande quelque chose !)…

À RETENIR

S'il est, en effet, désagréable de nous sentir floués par quelqu'un qui nous a manipulés à notre insu et à notre détriment, nous ne sommes pas pour autant exempts de manipuler nous-mêmes les autres. Tout simplement parce que la communication et le relationnel utilisent les mêmes ressorts que la manipulation. Encore faut-il en faire bon usage !

Vous obtiendrez beaucoup plus de l'autre si, en échange, il a l'impression que vous avez répondu à son besoin. Ce peut être un besoin de reconnaissance, de réassurance, d'écoute… Mais cela, vous ne pouvez le découvrir que si vous écoutez l'autre justement ! L'astuce consiste ensuite à poser les bonnes questions pour ensuite amener l'autre à vous écouter.

Au-delà du fait de paraître sympathique, digne de confiance et sans faire de chantage affectif, il existe plusieurs techniques pour amener l'autre à vous dire : « Oui » et encore une fois, cela se base sur l'échange. Donnez d'abord et les autres ne vous refuseront rien ! Ou faites en sorte que votre demande paraisse vraiment raisonnable, au vu de la précédente…

Je suis libre ! (de me laisser manipuler)

« Ce n'est pas l'« impression » de liberté qui est illusoire, c'est la liberté elle-même. »

Gérard Bessette

Témoignage

« Quand j'ai rencontré Fred, j'étais vraiment le prototype de la fille forte, indépendante (ma mère m'a élevée seule). Du coup, inconsciemment, j'ai donné à Fred l'image d'une fille qui allait le prendre en charge, l'aider, l'assister… parce que lui recherchait une fille comme ça et que moi, ça ne me dérangeait pas ! Par exemple, je trouvais ça bien que dans notre couple, ce soit moi qui ramène plus d'argent, qui prenne les décisions, qui porte la culotte quoi. Et Fred, lui, ça l'arrangeait.

Par exemple, à la base il était barman, mais en avait marre de bosser en boîte de nuit. Et moi, j'avoue ça m'arrangeait de ne pas le savoir entouré de filles alcoolisées et court vêtues. Je lui ai donc dit : « Cherche autre chose ! ». Mais dans notre petite ville, il n'a trouvé qu'un mi-temps dans un café. J'ai dit : « OK » ; moi, je gagnais bien ma vie. Lui m'a dit : « Tu es sûre hein ? Parce que si tu veux, je peux chercher un boulot mieux payé, où je ferai plus d'heures… » Mais comme j'avais dit que je le soutiendrais, je ne voulais pas me dédire de ma parole. Finalement, il s'est fait virer et a décidé qu'il voulait changer de métier, faire une formation, mais sans jamais se décider ! Et pendant ce temps-là, je payais le loyer, la bouffe et même ses jeux vidéo… Mais encore une fois, je lui avais promis, en toute conscience, de l'aider et de le soutenir dans ses choix… Donc, je l'ai fait. Jusqu'à ce que je m'aperçoive qu'en fait, il profitait de moi ! »

Nadège, 38 ans

Un peu de théorie

Les dangers de l'automanipulation

Comme on peut le voir dans le témoignage de Nadège, nous sommes souvent les premiers et les plus doués pour nous mettre tout seuls dans des situations où les autres vont profiter de nous. Car, en effet, et elle s'en rend compte, c'est en partie son attitude qui les a amenés, elle et son ex-copain Fred, à créer une relation dysfonctionnelle. Pour les personnes extérieures, Fred devait peut-être passer pour le « méchant » qui manipule sa compagne pour profiter de sa générosité… mais il faut toujours se souvenir que dans une relation, même une relation incluant de la manipulation, on est et on reste deux ! Cela ne signifie pas que la victime est forcément consentante, mais cela peut vouloir dire qu'elle a amené l'autre, par son comportement, à avoir tel ou tel comportement…

Ce que l'on voit ici, c'est que Nadège est quelqu'un de fiable, cohérent et qui tient parole : une fois qu'elle a annoncé et promis qu'elle soutiendrait son copain, elle reste campée sur ses positions et continue à le faire quelle que soit la situation. Et ceci est tout à son honneur ! Son seul tort, d'une certaine façon, c'est de ne jamais réévaluer la situation et de ne pas réfléchir (ou de réfléchir, mais très tard !) à ce que le terme soutenir signifiait pour elle et pour son ami... Mais ne la blâmons pas, car nous avons tous, dans une certaine mesure, tendance à faire les mêmes erreurs que Nadège...

L'effet d'engagement et ses conséquences

En effet, ce qui nous rend (auto)manipulables, c'est ce que l'on appelle l'effet d'engagement. Par exemple, si nous revenons à Nadège, elle se voit comme une femme forte et indépendante. De fait, ce jugement sur elle-même l'engage, l'oblige à avoir un certain comportement pour correspondre à cette image qu'elle souhaite envoyer aux autres et à elle-même. Donc, si un individu autour d'elle, en l'occurrence son ami Fred, comprend que Nadège se voit ainsi, il peut faire deux choses pour obtenir d'elle ce qu'il souhaite. Premièrement, il peut renforcer cette image, en la complimentant sur ce trait de caractère par exemple. Et ensuite, une fois que les habitudes relationnelles sont prises, il peut l'amener à s'engager encore plus fort dans son comportement pour avoir ce qu'il veut. Car en vertu de cet effet d'engagement, une fois qu'une première décision est prise, les suivantes sont bien plus faciles à prendre : il suffit de suivre le chemin tout tracé !

Un exemple de cet effet d'engagement dans la vie courante : imaginez que vous alliez dans un magasin acheter un vêtement par exemple. Vous l'essayez, il vous plaît, vous décidez de l'acheter. Vous vous trompez en lisant le prix et au lieu de 20 €, il en coûte 30. Eh bien, il y a de fortes chances que vous preniez quand même ce vêtement, car vous avez auparavant décidé de l'acheter... Comme si, après avoir pris une première décision, il serait trop douloureux de la remettre en cause et de changer d'avis...

L'illusion de la liberté

En fait, et c'est ce qui peut être malheureux avec cet effet d'engagement, c'est que nous nous sentons d'autant plus engagés que nous avons « librement » fait notre choix. Par exemple, Nadège était « libre » de dire à son ami qu'il pouvait continuer ou arrêter de travailler en boîte de nuit. Elle était également libre de lui dire de chercher un autre travail au lieu d'un mi-temps.

Si, en revanche, son ami ne lui avait pas, dès le début, donné le choix de l'aider ou pas, en démissionnant sans lui demander son avis et en l'obligeant à l'aider financièrement, il est certain que Nadège aurait arrêté plus tôt la relation… car elle ne se serait pas sentie maîtresse de ses actions.

Au quotidien, cette notion de « décision libre » est très efficace. Par exemple, quand on vous dit : « J'ai besoin que tu me remplaces demain soir… Mais bon, tu fais comme tu veux » : eh bien, il y a de plus fortes chances que vous acceptiez cette demande, alors que vous l'auriez refusée si vous aviez senti une contrainte… D'ailleurs, dans le témoignage de Nadège, on voit qu'à un moment, Fred lui a dit : « Si tu veux, je peux chercher un boulot mieux payé… », ce qu'elle refuse !

On voit donc le paradoxe : on accepte plus facilement une demande quand on nous donne la « liberté » de la refuser ! Tendez donc l'oreille à chaque fois que vous entendez ces simples mots : « C'est comme tu veux », « Vous êtes libre de… », « Je ne vous oblige pas… » et profitez réellement de la liberté qu'on vous donne !

À RETENIR

Le manipulateur est rarement le seul « fautif ». D'abord parce qu'il n'est pas forcément conscient de son comportement, mais aussi parce qu'il n'aurait pas pu vous manipuler si vous ne l'aviez pas, d'une certaine manière, laissé faire ! Voir les choses ainsi permet, de plus, de reprendre du pouvoir dans la relation, notamment en changeant de comportement.

Nos traits de personnalité, nos opinions et valeurs, nos décisions les plus importantes ou même les plus minimes forment un tout cohérent, ont une certaine logique. Un manipulateur peut alors, une fois qu'il a compris la « clef » de cette logique cohérente et en nous confortant dans nos opinions, nous amener tout naturellement à faire ce qu'il souhaite.

Chaque être humain aime sentir qu'il est maître de son destin. D'ailleurs, si on l'oblige à faire quelque chose, il le fera peut-être, mais ne se sentira nullement engagé à continuer de le faire si on ne l'y oblige plus. Le propre de la manipulation, c'est donc de nous amener à faire une chose, en nous laissant croire qu'on est libre de le faire !

Conclusion

Ce livre a surtout pour vocation de faire réfléchir le lecteur sur ses relations avec autrui, sur ses points faibles (qui correspondent bien souvent à ses besoins) et sur ses motivations. C'est donc un voyage intérieur dans le labyrinthe de sa propre expérience que nous avons voulu proposer à celui qui s'intéresse à tous ces phénomènes, souvent invisibles et pourtant omniprésents…

En effet, comme le lecteur l'aura sûrement noté en lisant ce livre, la manipulation est partout. Elle est indissociable de la nature humaine, dans la mesure où elle s'appuie sur la plupart des besoins fondamentaux humains. Elle est ancrée en chacun de nous, au plus profond de nos êtres. Et celui qui dit ne jamais manipuler est le plus grand des menteurs !

C'est pour cette raison que le mot manipulation apparaît aussi comme un mot fourre-tout, et cela pour plusieurs motifs. Premièrement, il est difficile de dire quand commence la manipulation, tant cette notion est indissociable de la communication. Qui manipule ? Qui ne manipule pas ? Qu'entend-on réellement par ce terme ? Est-ce que le fait d'agir pour se faire aimer ou aider, pour être promu ou remarqué est toujours considéré comme de la manipulation ?

On arrive ainsi au second problème : la gravité des actes. On ne peut mettre sur le même plan les crimes d'état perpétrés par des dictateurs assoiffés de pouvoir et les techniques commerciales de certains vendeurs somme toute talentueux. Dans un cas, la manipulation est à grande échelle, et l'individu isolé reste relativement impuissant. Dans l'autre cas, il suffit d'un peu de bon sens, de repartie et de réflexion pour ne pas tomber dans des pièges éprouvés mais finalement faciles à éviter.

Le plus important dans toute manipulation reste donc bien d'une part l'intention sous-jacente du manipulateur et d'autre part l'intérêt de la personne manipulée. Qui est gagnant ? Qui est perdant ? Et qu'est-on prêt à perdre pour gagner ?

Auteurs : Marie-Laure Cuzacq et Anne Guibert

EDITIONS ESI
100, rue Petit, 75019 Paris

Imprimé par FINIDR - Lipova cp. 1965 - 73701 Cesky Tesin - République tchèque
 - Dépôt légal : octobre 2015 - Achevé d'imprimer : septembre 2015
ISBN : 978-2-8226-0485-7

Couverture : Julie Olivier